여러분의 합격을 응원하는
해커스공무원의 특별 혜택!

)F6L

KB093666

온라인 단과강의
20% 할인쿠폰

해커스공무원(gosi.Hackers.com) 접속 후 로그인 ▶ 상단의 [나의강의실] 클릭 ▶
좌측의 [쿠폰등록] 클릭 ▶ 쿠폰번호 입력 후 이용

* 등록 후 7일간 사용 가능
* ID당 1회에 한해 등록 가능(단과강의에만 적용 가능)

FREE

공무원 국어
특강

해커스공무원(gosi.Hackers.com) 접속 후 로그인 ▶ 상단의 [무료강좌] 클릭 ▶
[교재 무료특강] 클릭하여 이용

합격예측
온라인 모의고사 응시권
+ 해설강의 수강권

9DF8F7679E3D5B7Z

해커스공무원(gosi.Hackers.com) 접속 후 로그인 ▶ 상단의 [나의강의실] 클릭 ▶
좌측의 [쿠폰등록] 클릭 ▶ 쿠폰번호 입력 후 이용

* 등록 후 1년간 사용 가능
* ID당 1회에 한해 등록 가능

해커스 매일국어
어플 이용권

G5GMR0E31TC023KP

구글플레이/앱스토어에서 [해커스 매일국어] 검색 ▶ 어플 다운로드 ▶
어플 이용 시 노출되는 쿠폰 입력란에 쿠폰번호 입력 후 사용

* 등록 후 1년간 사용 가능
* 해당 자료는 [해커스공무원 국어 기본서] 교재 내용으로 제공되는 자료로,
  공무원 시험 대비에 도움이 되는 유용한 자료입니다.

쿠폰 이용 관련 문의 1588-4055

단기 합격을 위한
해커스공무원 커리큘럼

입문	**탄탄한 기본기와 핵심 개념 완성!**
	누구나 이해하기 쉬운 개념 설명과 풍부한 예시로 부담없이 쌩기초 다지기
	TIP 베이스가 있다면 **기본 단계**부터!

▼

기본+심화	**필수 개념 학습으로 이론 완성!**
	반드시 알아야 할 기본 개념과 문제풀이 전략을 학습하고 심화 개념 학습으로 고득점을 위한 응용력 다지기

▼

기출+예상 문제풀이	**문제풀이로 집중 학습하고 실력 업그레이드!**
	기출문제의 유형과 출제 의도를 이해하고 최신 출제 경향을 반영한 예상문제를 풀어보며 본인의 취약영역을 파악 및 보완하기

▼

동형문제풀이	**동형모의고사로 실전력 강화!**
	실제 시험과 같은 형태의 실전모의고사를 풀어보며 실전감각 극대화

▼

최종 마무리	**시험 직전 실전 시뮬레이션!**
	각 과목별 시험에 출제되는 내용들을 최종 점검하며 실전 완성

PASS

단계별 교재 확인 및 수강신청은 여기서!

gosi.Hackers.com

* 커리큘럼 및 세부 일정은 상이할 수 있으며,
자세한 사항은 해커스공무원 사이트에서 확인하세요.

해커스공무원

국어

비문학 독해 333

Vol.2

해커스공무원

해커스공무원
gosi.Hackers.com

"매일 독해 문제를 풀고 싶은데
풀 만한 교재가 없네."

"지문을 아무리 읽어도
무슨 내용인지 모르겠어."

해커스가 자신 있게 만들었습니다.

매일 비문학 독해 연습을 하고 싶지만 풀 만한 교재가 없어 갈증을 느끼는 수험생 여러분을 위해 30일 동안 비문학 독해를 완벽하게 연습할 수 있는 교재를 만들었습니다.

『해커스공무원 국어 비문학 독해 333 Vol. 2』로
하루 3분 3지문씩 30일 만에 비문학 독해력을 완성할 수 있습니다.

독해력은 하루아침에 생기는 것이 아닙니다. 문제에서 요구하는 바를 파악하고 지문을 정확하게 읽어 내는 연습을 꾸준히 해야 독해 능력이 높아집니다. 『해커스공무원 국어 비문학 독해 333 Vol. 2』로 매일 꾸준히 독해 연습을 한다면 반드시 독해력을 향상시킬 수 있습니다.

『해커스공무원 국어 비문학 독해 333 Vol. 2』는 단계별 학습이 가능합니다.

단순히 지문을 읽고 많은 양의 문제를 푸는 것만으로는 독해력을 탄탄히 할 수 없습니다. 실제 시험의 출제경향과 비문학 독해 유형을 파악하고 유형별 독해 전략을 문제풀이에 적용하는 단계별 문제풀이 학습을 통해 독해력을 완성해 갈 수 있습니다.

독해력 향상을 위한 30일 간의 여정
해커스가 여러분과 함께 합니다.

차례

약점 보완 해설집 [책 속의 책]

책의 특징 및 구성

01 매일 3문제씩 풀어 볼 수 있는 DAY별 구성

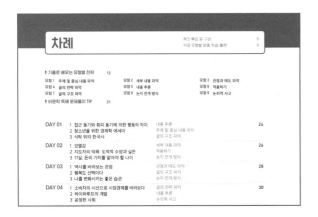

『해커스공무원 국어 비문학 독해 333 Vol. 2』는 매일 꾸준히 비문학 독해를 풀어 볼 수 있도록 DAY별로 문제를 수록했습니다. 매일 3문제씩 30일 동안 총 90문제를 풀어보면서 독해력을 향상시키고 실전 감각을 유지할 수 있습니다.

02 독해력과 문제풀이 능력을 향상시키는 단계별 구성

유형에 강해지는 전략

독해 유형마다 문제풀이 전략을 제시하여 체계적으로 정확하게 문제를 푸는 방법을 익힐 수 있습니다.

대표유형분석

실제 기출문제에서 학습한 전략을 적용하여 지문을 객관적으로 분석하고 정답을 빠르고 정확하게 찾아낼 수 있습니다.

DAY별 예상 문제 풀이

공무원 국어 시험 문제와 동일한 유형의 예상 문제를 매일 풀어 봄으로써 독해력을 향상시키고 실전 감각을 유지할 수 있습니다.

03 비문학 독해 대표유형을 완벽하게 정복할 수 있는 유형별 독해 전략 제공

유형에 강해지는 전략

1단계 글의 핵심어를 바탕으로 중심 화제를 파악한다.

2단계 중심 화제와 관련된 문단별 중심 내용을 파악한다.
- 단, 하나의 문단으로 이루어진 제시문에서는 문단별 중심 내용 대신 글의 흐름을 파악한다.

3단계 글 전체를 아우르는 내용으로 적절한 선택지를 고른다.
- 글의 내용과 선택지가 부합하더라도 전체를 포괄할 수 없는 부분적인 내용은 주제가 아니라는 점에 유의해야 한다.

유형별로 문제에서 요구하는 바를 빠르게 파악하고 지문을 정확하게 읽어 낼 수 있도록 유형별 독해 전략을 제시했습니다. 이를 통해 어려운 내용의 문제도 정확히 풀어낼 수 있습니다.

04 정답과 오답의 이유부터 관련 지식까지 통달하는 상세한 해설

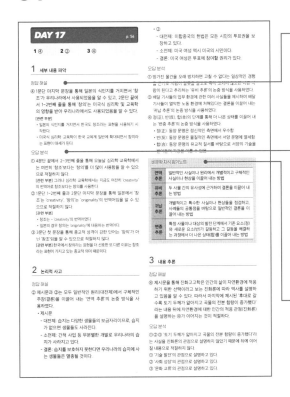

정답 해설

DAY별 예상 문제에 대한 정확하고 명쾌하며 상세하기까지 한 해설을 수록했습니다.

오답 분석

오답 선지가 오답인 이유를 상세하게 설명하여 틀렸던 문제에 대한 원인을 파악하고 이를 통해 실력을 보완할 수 있습니다.

비문학 지식 암기노트

문제를 풀기 위해 미리 알고 있어야 하는 주요 비문학 이론을 정리하였습니다.

약점 유형별 맞춤 학습 플랜

"아무리 문제를 풀어도 독해력이 늘지 않아."

학습 플랜

STEP 1 '기출로 배우는 유형별 전략'을 통해 문제 유형과 전략을 학습하고, 기본적인 독해 문제 풀이 방법을 익히세요.

STEP 2 눈으로만 읽지 말고 밑줄, 기호 등을 활용하여 문제를 풀어보세요.

STEP 3 채점 후 유형별 독해 전략을 올바르게 적용하였는지 점검해 보세요.

"긴 지문만 나오면 머릿속이 하얘져."

학습 플랜

STEP 1 첫 문단에서 핵심어를 찾고 중심 내용을 파악하세요. 첫 문단을 통해 글의 전체적인 맥락을 이해한 후 문제를 풀면 긴 지문이라도 쉽게 문제를 풀 수 있어요!

STEP 2 첫 문단의 내용을 이해했다면 선택지와 지문을 서로 비교하며 읽어 보세요.

STEP 3 STEP 1과 2를 반복하며 오답 선택지를 지워 나가 보세요.

"똑같은 유형만 계속 틀려서 걱정이야."

학습 플랜

STEP 1 '기출로 배우는 유형별 전략'에서 약점인 문제 유형의 독해 전략을 학습하세요.

STEP 2 약점 유형의 문제만 골라서 해당 독해 전략을 적용하여 권장 시간 안에 풀어 보세요.

STEP 3 채점 후 틀린 문제는 독해 전략을 다시 적용해 보며 지문과 선지를 분석해 보세요.

"비문학 독해는 풀 때마다 시간이 부족해."

학습 플랜

STEP 1 매일 권장 시간 안에 3문제를 풀어 보세요.

STEP 2 눈으로만 읽지 말고 밑줄, 기호 등을 적극적으로 활용하며 핵심어를 찾고 중심 내용을 파악해 보세요. 처음엔 시간이 걸리겠지만 익숙해지면 시간을 단축할 수 있어요!

STEP 3 채점 후 시간 안에 풀지 못한 문제나 틀린 문제는 STEP 2의 방법을 사용하여 다시 풀어 보세요.

매일 학습 점검표

매일 3지문씩 풀어본 후 문제풀이 시간을 기록하고, 틀린 문항은 □박스에 체크해서 복습해 보세요.

학습일	문항	체크	풀이 시간
DAY 01 월 일	1	□	분 초
	2	□	분 초
	3	□	분 초
DAY 02 월 일	1	□	분 초
	2	□	분 초
	3	□	분 초
DAY 03 월 일	1	□	분 초
	2	□	분 초
	3	□	분 초
DAY 04 월 일	1	□	분 초
	2	□	분 초
	3	□	분 초
DAY 05 월 일	1	□	분 초
	2	□	분 초
	3	□	분 초
DAY 06 월 일	1	□	분 초
	2	□	분 초
	3	□	분 초
DAY 07 월 일	1	□	분 초
	2	□	분 초
	3	□	분 초
DAY 08 월 일	1	□	분 초
	2	□	분 초
	3	□	분 초
DAY 09 월 일	1	□	분 초
	2	□	분 초
	3	□	분 초
DAY 10 월 일	1	□	분 초
	2	□	분 초
	3	□	분 초

학습일	문항	체크	풀이 시간
DAY 11 월 일	1	□	분 초
	2	□	분 초
	3	□	분 초
DAY 12 월 일	1	□	분 초
	2	□	분 초
	3	□	분 초
DAY 13 월 일	1	□	분 초
	2	□	분 초
	3	□	분 초
DAY 14 월 일	1	□	분 초
	2	□	분 초
	3	□	분 초
DAY 15 월 일	1	□	분 초
	2	□	분 초
	3	□	분 초
DAY 16 월 일	1	□	분 초
	2	□	분 초
	3	□	분 초
DAY 17 월 일	1	□	분 초
	2	□	분 초
	3	□	분 초
DAY 18 월 일	1	□	분 초
	2	□	분 초
	3	□	분 초
DAY 19 월 일	1	□	분 초
	2	□	분 초
	3	□	분 초
DAY 20 월 일	1	□	분 초
	2	□	분 초
	3	□	분 초

학습일	문항	체크	풀이 시간
DAY 21 월 일	1	□	분 초
	2	□	분 초
	3	□	분 초
DAY 22 월 일	1	□	분 초
	2	□	분 초
	3	□	분 초
DAY 23 월 일	1	□	분 초
	2	□	분 초
	3	□	분 초
DAY 24 월 일	1	□	분 초
	2	□	분 초
	3	□	분 초
DAY 25 월 일	1	□	분 초
	2	□	분 초
	3	□	분 초
DAY 26 월 일	1	□	분 초
	2	□	분 초
	3	□	분 초
DAY 27 월 일	1	□	분 초
	2	□	분 초
	3	□	분 초
DAY 28 월 일	1	□	분 초
	2	□	분 초
	3	□	분 초
DAY 29 월 일	1	□	분 초
	2	□	분 초
	3	□	분 초
DAY 30 월 일	1	□	분 초
	2	□	분 초
	3	□	분 초

비문학 독해 **출제경향**

경향 1

비문학 문제 수 증가

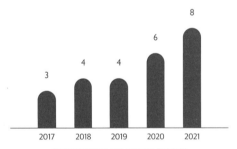

[최근 5개년 비문학 독해 문제 평균 출제 횟수]

공무원 국어 시험에서 비문학 문제 수가 꾸준히 증가하고 있습니다. 특히 비문학 영역 중 화법과 작문을 제외한 독해 문제가 최근 2021년 국가직·지방직 시험에서 평균 8문제나 출제됨으로써 국어 시험 영역 중 가장 높은 비중을 차지했습니다.

경향 2

빈출 포인트

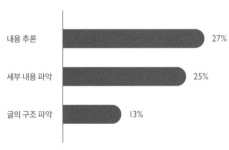

[최근 5개년 비문학 독해 문제 유형별 출제 비중]

지문을 읽고 선지의 내용을 추리하는 '내용 추론(27%)'과 지문과 선지의 일치 여부를 묻는 '세부 내용 파악(25%)'이 가장 많이 출제되고 있습니다. 또한 글의 전개 순서나 논리적 배열 관계를 묻는 '글의 구조 파악(13%)'도 꾸준히 출제되고 있습니다.

기출로 배우는
유형별 전략

경향 3

긴 지문 증가

연도	평균 글자 수
2021	553자
2020	529자
2019	499자

[최근 3개년 비문학 독해 문제 평균 글자 수]

비문학 독해 문제 수의 증가와 더불어 지문의 길이도 길어지는 추세입니다. 글자 수가 2020년 시험에서 평균 500자를 넘어섰고 2021년 시험에서는 550자 이상을 기록하였습니다. 지문의 길이가 길어지는 경향을 대비해 시간을 관리하는 연습을 해야 합니다.

경향 4

난이도 '중'

난이도	비율
상	4%
중	64%
하	32%

[최근 3개년 비문학 독해 문제 난이도 출제 비율]

비문학 독해 문제의 난이도는 '중'으로, 주로 익숙하고 평이한 주제나 소재를 다룬 지문의 문제가 출제되고 있습니다.

기출로 배우는 유형별 전략

유형 1 | 주제 및 중심 내용 파악

유형에 강해지는 전략

1단계 글의 핵심어를 바탕으로 중심 화제를 파악한다.

2단계 중심 화제와 관련된 문단별 중심 내용을 파악한다.
- 단, 하나의 문단으로 이루어진 제시문에서는 문단별 중심 내용 대신 글의 흐름을 파악한다.

3단계 글 전체를 아우르는 내용으로 적절한 선택지를 고른다.
- 글의 내용과 선택지가 부합하더라도 전체를 포괄할 수 없는 부분적인 내용은 주제가 아니라는 점에 유의해야 한다.

대표유형분석

다음 발화에 나타난 주장으로 가장 적절한 것은?　　　　2020년 지방직 7급

> <u>신어(新語)</u>에 대해 말할 때, 보통 유행어나 비속어, 은어와 같은 한정
> <small>핵심어</small>
> 된 대상을 떠올리는 경우가 많습니다. 그런데 <u>신어 연구의 대상은 특정</u>
> <small>중심 화제</small>
> 한 범주의 언어, 소수 집단의 언어에 한정되지 않습니다. 어려운 전문 용
> 어는 의사소통의 효율성이나 교육적 목적을 위해 순화된 신어로 대체
> 할 필요가 있는데, 특히, 상당수의 전문 용어는 신어에 대한 정책적인 고
> <small>글의 중심 내용</small>
> 려가 필요해 보입니다. 예를 들어 '좌창(痤瘡)'이라는 의학 용어를 대체
> 한 '여드름'은 일상생활뿐만 아니라 전문 분야에서도 신어로 자리를 잡
> 았습니다. 이와 같은 신어는 전문 용어의 순화에도 일정한 역할을 하
> 고 있습니다. 이는 <u>신어 연구가 단지 새로운 어휘와 몇 가지 주제를 나열</u>
> <u>하는 연구를 넘어서 한국어 조어론 전반에 대한 연구로 확장되어야 하는</u>
> <small>글의 중심 내용</small>
> 이유이기도 합니다. 이러한 <u>신어의 영역은 대중이 생산하는 '자연 발생적 신</u>
> <u>어'의 영역과 더불어 '인위적인 신어'의 영역으로 논의되어야 합니다.</u>
> <small>글의 중심 내용</small>

① 신어에서 비속어나 은어가 빠져야 한다.
☑ 신어는 연구 대상과 영역을 확장해야 한다.
③ 자연 발생적인 신어에 대한 정책적 고려가 필요해 보인다.
④ 신어는 의사소통의 효율성을 위해 그 범주를 특정해야 한다.

1단계 글의 핵심어를 바탕으로 중심 화제를 파악한다.
→ 글의 핵심어인 '신어'를 바탕으로 중심 화제가 '신어 연구'임을 알 수 있다.

2단계 중심 화제와 관련된 중심 내용을 파악한다.
- 전반부: 특정 범주나 소수 집단의 언어뿐 아니라 어려운 전문 용어를 순화하여 대체하는 경우도 신어 연구의 대상에 포함됨
- 후반부: 신어 연구는 '자연 발생적 신어'의 영역과 더불어 '인위적인 신어'의 영역까지 확장되어야 함

3단계 글 전체를 아우르는 내용으로 적절한 선택지를 고른다.
→ ② 제시문은 신어 연구의 대상이 특정 범주의 언어에 한정되지 않아야 하며, 신어 연구는 '자연 발생적 신어'와 더불어 '인위적인 신어'의 영역까지 확장되어야 한다고 주장한다. 따라서 답은 ②이다.

유형 2 | 세부 내용 파악

유형에 강해지는 전략

1단계 글을 읽으며 글의 전체적인 흐름과 대략적인 내용을 파악한다.

2단계 각 선택지의 핵심어에 밑줄을 긋는다.

3단계 글에서 핵심어와 관련된 내용을 찾고, 선택지와 비교하여 일치 여부를 판단한다.

대표유형분석

다음 글에서 알 수 없는 것은?   2018년 지방직 9급

> 되새김 동물인 무스(moose)의 경우, 위에서 음식물이 잘 소화되게 하려면 움직여서는 안 된다. 무스의 위는 네 개의 방으로 나누어져 있는데, 위에서
> _{선택지 ①의 근거}
> 나뭇잎, 풀줄기, 잡초 같은 섬유질이 많은 먹이를 소화하려면 꼼짝 않고 한곳에 가만히 있어야 하는 것이다. 한편, 미국 남서부의 사막 지대에 사는 **갈퀴발도마뱀은 모래 위로 눈만 빼꼼 내놓고 몇 시간 동안이나 움직이지 않는다.**
> _{선택지 ③의 근거}
> 그렇게 있으면 따뜻한 모래가 도마뱀의 기운을 복돋아 준다. 곤충이 지나가면 도마뱀이 모래에서 나가 잡아먹을 수 있도록 에너지를 충전해 주는 것이다. 반대로 갈퀴발도마뱀의 포식자인 뱀이 다가오면, 그 **도마뱀은 사냥할 기운을 얻기 위해 움직이지 않았을 때의 경험을** 되살려 호흡과 심장 박동을 일
> _{선택지 ③의 근거}
> 시적으로 멈추어 죽은 시늉을 한다. 갈퀴발도마뱀은 모래 속에 몸을 묻고 움직이지 않기 때문에 수분의 손실을 줄이고 사막 짐승들의 끊임없는 위협에서 벗어날 수 있는 것이다.
> _{선택지 ④의 근거}

① 무스가 움직이지 않는 것은 생존을 위한 선택이다.
☑ 무스는 소화를 잘 시키기 위해 식물을 가려먹는 습성을 가지고 있다.
③ 갈퀴발도마뱀은 움직이지 않는 방식으로 먹이를 구한다.
④ 갈퀴발도마뱀은 모래 속에 몸을 묻을 때 생존 확률을 높일 수 있다.

1단계 글의 전체적인 흐름과 대략적인 내용을 파악한다.

- 전반부: 무스는 섬유질이 많은 먹이를 소화하기 위해 움직이지 않고 한곳에 가만히 있음
- 후반부: 갈퀴발도마뱀은 움직이지 않음으로써 사냥을 위한 에너지를 충전하거나 포식자 앞에서 죽은 척하여 위기를 모면함

2단계 각 선택지의 핵심어에 밑줄을 긋는다.

- ①: 무스, 움직이지 않는, 생존
- ②: 무스, 소화, 식물을 가려먹는 습성
- ③: 갈퀴발도마뱀, 움직이지 않는 방식, 먹이
- ④: 갈퀴발도마뱀, 모래 속에 몸을 묻을 때, 생존 확률

3단계 글에서 핵심어와 관련된 내용을 찾고, 선택지와 비교하여 일치 여부를 판단한다.

→ ② 1~2번째 줄을 통해 무스가 소화를 잘 시키기 위해 움직이지 않음을 알 수 있지만 식물을 가려먹는 습성이 있다는 내용은 제시문을 통해 알 수 없다.

기출로 배우는 유형별 전략

유형 3 | 관점과 태도 파악

유형에 강해지는 전략

1단계 견해가 드러난 부분에 밑줄을 그으면서 필자의 관점이나 태도를 파악한다.

- 필자의 생각을 판단할 수 있는 핵심 단서는 글의 마지막 단락에 나타나는 경우가 많다.

2단계 선택지에 제시된 정보가 필자의 관점이나 태도와 일치하는지 제시문과 비교하며 확인한다.

대표유형분석

다음 글의 내용으로 적절하지 않은 것은?   2019년 국가직 7급

> 20대의 체험은 40대 체험을 못 따르고, 40대 체험은 70대의 체험을 못 당할 것이다. 그러므로 장자(莊子)도 소년(少年)은 대년(大年)을 못 따른다고 했다. 그러나 인간이 장수를 한들 몇백 년을 살 것인가. 수백 년 수천 년의 체험은 오직 독서를 통해서만 얻을 것이니, 연령이 문제가 아니라 독서가 문제인 것이다.
> 견해 (1) - 선택지 ③의 근거
>
> 책이 너무 많아 일생을 읽어도 부족하다고 걱정할지 모른다. 그러나 내 눈을 꼭 한번 거쳐야 될 필요가 있는 서적이란 열 손가락을 넘지 아니할 것이다.
> 견해 (2) - 선택지 ④의 근거
> 박학다식이니 박람강기니 하여 널리 알고 많이 기억하지 못하는 것을 걱정할 필요가 없다. 때로는 이것이 오히려 글 쓰는 데 지장이 될 수 있다. 잡박
> 견해 (3) - 선택지 ①의 근거
> 한 지식의 무질서한 기억은 우리의 총명을 혼미하게 할 수도 있기 때문이다.

① 널리 알고 많이 기억하는 것이 글쓰기에 방해가 될 수 있다.
☑ 70대의 독서가 20대의 독서보다 글쓰기에 더 도움이 된다.
③ 인간의 체험에는 한계가 있으므로 독서가 중요하다.
④ 자신에게 필요한 독서를 해야 한다.

1단계 견해가 드러난 부분에 밑줄을 그으면서 필자의 관점이나 태도를 파악한다.

- 견해 (1): 폭넓은 체험은 나이를 먹어가며 얻어지는 것이 아니라 독서를 통해 얻어지는 것임
- 견해 (2): 다독하는 것보다 자신에게 필요한 책을 읽는 것이 중요함
- 견해 (3): 널리 알고 많이 기억하는 것이 오히려 글을 쓰는 데 방해가 될 수 있음

2단계 제시문과 선택지의 내용을 비교하여 필자의 관점과 일치하지 않는 선택지를 고른다.

→ ② 연령이 높은 사람의 독서가 글쓰기에 더 도움이 된다는 내용은 제시문에서 알 수 없으므로 적절하지 않다.

유형에 강해지는 전략

1단계 선택지에서 설명하는 전략 및 효과가 무엇인지 파악한다.

2단계 선택지에서 설명한 전략이 제시문에서 사용되었는지 확인한 후, 전략에 따른 효과를 올바르게 제시했는지 점검한다.

- 하나의 선택지에 제시된 정보가 두 가지 이상일 경우, 글에 한 정보가 나타나 있는 것만 보고 성급하게 맞는 선택지로 판단하지 않도록 유의한다.

대표유형분석

<보기>에 나타난 설명 방식으로 가장 옳지 않은 것은?

2018년 서울시 7급(3월)

> **보기**
>
> 필로티(pilotis) 문제가 아니라 왜 필로티 건축인가를 물어야 한다. 이는 주차 문제와 관련이 있다. 소형 주택·상가에서 법정 주차 대수를 맞추려면 대지 내에 빼곡히 주차면을 만들어야 한다. 반면에 상부 건물은 대지 경계선으
> _{선택지 ①·②의 근거}
> 로부터 띄워야 하므로 1층을 필로티로 하여 차가 삐죽 나오도록 하는 것은 논리적 귀결이다. 세월호 평형수가 저렴하도록 반(半)강제된 여객 운임과 관련이 있듯이 필로티에 대한 선호 또한 저렴 주택, 나아가 저렴 도시와 관련이 깊다. 다세대·다가구주택은 **단독 주택용 필지에 부피 늘림만 허용한 1970,**
> _{선택지 ②·③의 근거}
> **80년대 주택 공급 정책의 결과다.** 공공에서 책임져야 할 주차·도로·녹지를 모두 개별 대지 안에서 해결하려니 설계는 퍼즐 풀기가 되었고 이때 필로티는 모범 답안이었다.

① 현상 이면의 구조적 문제를 파악하고 있다.
② 인과관계를 통해 사회 현상을 설명한다.
③ 반복되는 사회적 문제를 환기한다.
☑ **유추를 통해 해결 방안을 제시한다.**

1단계 선택지에서 설명하는 전략 및 효과를 파악한다.

- ①: 현상에 가려진 구조적 문제 파악
- ②: 인과관계를 통해 사회 현상 설명
- ③: 반복되는 사회 문제 환기
- ④: 유추를 통해 해결 방안 제시

2단계 선택지의 전략이 제시문에서 사용되었는지 확인한 후, 전략에 따른 효과를 올바르게 제시했는지 점검한다.

→ ④ 제시문에는 유추가 사용되지 않았으며, 문제(필로티 건축)에 대한 해결 방안도 제시되지 않았으므로 ④는 옳지 않은 설명이다.

- ① 필로티 건축의 문제점이라는 현상 이면에 주차 문제와 관련된 사회 구조적 문제를 파악하고 있다.
- ② 소형 주택이나 상가 건축 시 필로티 방식을 선호하는 현상이 법정 주차 대수, 주택 공급 정책과 관련이 있음을 인과관계를 통해 설명하고 있다.
- ③ 오늘날 필로티 건축 방식의 문제가 1970, 80년대 주택 공급 정책의 결과라고 설명하며 과거부터 현재에 이르기까지 반복되는 사회적 문제임을 환기하고 있다.

기출로 배우는 **유형별 전략**

유형 5 | 내용 추론

유형에 강해지는 전략

1단계 중심 화제를 바탕으로 필자의 주장이나 핵심 내용을 파악한다.

2단계 글에 나타난 정보나 내용의 흐름에 근거하여 선택지의 정보가 적절한지 판단한다.

• 상식이 아닌, 글에 나타나 있는 내용을 근거로 추론해야 한다.
• 새로운 내용을 추론할 때는 글의 정보를 종합해야 하는 경우가 많다.
• 빈칸에 들어갈 내용을 추론할 경우, 빈칸의 앞뒤 내용을 근거로 추리해야 한다.

대표유형분석

다음 글에서 추론한 내용으로 적절하지 않은 것은?　　　2020년 지방직 7급

> 금융 회사와 은행 상당수가 파랑을 상징색으로 쓰고 있다. 파랑의 긍정적
> _{중심 화제}
> 속성에는 정직과 신뢰가 있다. 파랑을 사용한 브랜드는 친근성과 전문성이
> 높아 보인다. 또한 파랑은 테크놀로지 업계에서 선호하는 색이다. 파랑은 소
> _{정답 ②의 근거}
> 통의 색으로서 소셜 미디어와 잘 어울린다. 페이스북, 트위터, 링크드인의 색
> _{선택지 ①의 근거}
> 을 생각해 보라. 파랑을 상징색으로 사용한 브랜드가 파랑의 긍정적인 가치
> 로 드러날 경우도 있지만, 그렇지 못할 경우에 차갑고 불친절하고 무심한 느
> _{선택지 ③의 근거}
> 낌의 부정적인 가치로 나타나기도 한다.
>   파랑은 기업의 단체복에 자주 사용한다. 약간 어두운 톤의 파란색은 친근
> 하고 진지하며 품위 있는 분위기를 전달한다. 어두운 파란색 단체복은 약간
> 의 보수성과 전통을, 밝은 파란색 단체복은 친근한 소통과 창의적인 사고를
> _{선택지 ④의 근거}
> 표현한다. 이 색은 교복에도 적합하다. 톤을 잘 선택하면 파랑은 집중에 도움
> 을 주고 차분하게 해 주며 활발한 토론과 의견 교환에 도움을 준다.

① 브랜드의 로고를 만들 때 색이 주는 효과를 고려해야 한다.
✔ 테크놀로지 업계에서 브랜드에 파란색을 써서 성공한 것은 우연한 선택의 결과로 봐야 한다.
③ 색을 효과적으로 사용하려면 색이 주는 긍정적 속성을 잘 파악해야 한다.
④ 색의 톤에 따라 전달하는 분위기가 다르니, 인테리어에 쓸 때 파랑이 지닌 다양한 톤을 알아봐야 한다.

1단계 중심 화제를 바탕으로 필자의 주장이나 핵심 내용을 파악한다.

• 1문단: 회사의 상징색으로서 파란색이 주는 긍정적 속성과 부정적 속성
• 2문단: 파란색의 톤에 따라 다른 분위기와 효과를 주는 기업의 단체복과 교복

2단계 글에 나타난 정보나 내용의 흐름에 근거하여 선택지의 정보가 적절한지 판단한다.

→ ② 1문단 3번째 줄을 통해 파란색은 테크놀로지 업계에서 선호하는 색임을 알 수 있다. 따라서 테크놀로지 업계에서 브랜드의 상징색으로 파란색을 쓴 것이 우연한 선택이라는 ②의 추론은 적절하지 않다. 또한 제시문을 통해 테크놀로지 업계가 브랜드의 상징색으로 파란색을 사용하여 성공했다는 사실은 알 수 없다.

• ①③ 1문단에서 다양한 회사들은 파란색이 가진 긍정적 속성을 활용하기 위해 브랜드의 상징색으로 파랑을 사용한다고 설명한다. 이를 통해 색이 주는 효과를 고려해야 하고 긍정적 속성을 파악해야 한다는 ①, ③의 추론은 적절하다.

• ④ 2문단에서 같은 파란색이어도 톤에 따라 전달하는 분위기가 다르다고 설명한다. 이를 통해 인테리어에 사용할 때, 파란색의 다양한 톤을 알아봐야 한다는 ④의 추론은 적절하다.

유형 6 | 적용하기

유형에 강해지는 전략

1단계 질문에서 묻는 바를 정확하게 파악한다.

2단계 질문과 관련된 글의 내용을 정리한다.

3단계 글에서 파악한 내용을 선택지에 적용하여 답을 찾는다.

대표유형분석

다음 글의 사례로 적절하지 않은 것은?　　　　　　　2021년 국가직 9급

> 　인간은 언어를 사용하며 언어는 인간의 사고, 사회, 문화를 반영한다. 인간의 지적 능력이 발달하게 된 것은 바로 언어를 사용하기 때문이다. 언어와 사고는 기본적으로 상호작용을 한다. 둘 중 어느 것이 먼저 발달하고 어떻게 영향을 주는지는 알 수 없다. 그러나 언어와 사고가 서로 깊은 관계를 맺고 있다는 사실은 여러 가지 근거를 통해서 뒷받침된다.
>
> <small>제시문 내용 정리</small>

① 영어의 '쌀(rice)'에 해당하는 우리말에는 '모', '벼', '쌀', '밥' 등이 있다.

② 어떤 사람은 산도 파랗다고 하고, 물도 파랗다고 하고, 보행 신호의 녹색등도 파랗다고 한다.

③ 일상생활에서 어떠한 사물의 개념은 머릿속에서 맴도는데도 그 명칭을 떠올리지 못할 때가 있다.

④ 우리나라는 수박(watermelon)은 '박'의 일종으로 보지만 어떤 나라는 '멜론(melon)'에 가까운 것으로 파악한다.

1단계 질문에서 묻는 바를 파악한다.

→ 제시문의 내용과 부합하지 않는 사례를 찾는다.

2단계 질문과 관련된 글의 내용을 정리한다.

- 1문단: 언어에는 인간의 사고, 사회, 문화가 반영되어 있음
- 2문단: 언어와 사고는 상호작용함

3단계 글에서 파악한 내용을 선택지에 적용하여 답을 찾는다.

→ ③ 제시문은 언어가 인간의 사고, 사회, 문화를 반영하고 있으며, 특히 언어와 사고는 상호작용을 한다고 설명한다. 이때 ③은 언어와 사고가 상호작용하지 못한 사례이므로 제시문의 사례로 적절하지 않다.

- ① 우리나라는 과거 농경을 중시하는 사회였기에 쌀과 관련된 언어가 발달했다는 내용으로, ①은 언어가 인간의 사회, 문화를 반영한 사례이다.

- ② '산, 물, 보행 신호의 녹색등'의 실제 색은 모두 다르지만 하나의 언어(파랗다)를 통해 어떤 사람은 이것들을 같은 색(파란색)으로 인식하고 있음을 보여주는 내용으로, ②는 언어가 인간의 사고를 반영한 사례이다.

- ④ '수박'을 인식하는 서로 다른 사고가 각 나라의 언어에 반영되었다는 내용으로, ④는 언어가 인간의 사고를 반영한 사례이다.

기출로 배우는 **유형별 전략**

유형 7 | 글의 구조 파악

유형에 강해지는 전략

1단계 접속어 및 지시어로 시작하지 않은 것 중 화제를 제시하는 첫 문장(문단)의 내용을 찾는다.

- 첫 문장(문단)이 고정되어 있는 문제는 고정되어 있는 문장(문단)의 핵심 내용을 먼저 파악한다.

2단계 접속어, 지시어, 반복되는 핵심어 등에 유의하여 글의 흐름을 파악한다.

- 빈칸에 들어갈 접속어를 찾는 문제는 빈칸의 앞뒤 문장이 서로 어떤 관계인지 따져야 한다.
- 주어진 문장(문단)이 들어갈 위치를 묻는 문제는 주어진 문장(문단)과 들어갈 위치를 선택한 후에 앞뒤 내용이 자연스럽게 이어지는지 확인해야 한다.

대표유형분석

㉠ ~ ㉣의 전개 순서로 가장 자연스러운 것은?　　　　　2020년 지방직 7급

> 1900년대 이후로 다른 문자를 지양하고 한글로만 문자 생활을 영위하고 자 하는 경향이 나타났다.
> 　　　　　　　　　　문장의 중심 내용
> ㉠ 이에 따라 각급 학교 교재에 한자는 괄호 안에 넣는 조치를 취했다.
> 　　지시 표현
> ㉡ 그 과정에서 그들이 가장 고심했던 일은 우리말 어휘의 반 이상을 차지하
> 　　지시 표현
> 는 한자어를 어떻게 처리하느냐 하는 것이었다.
> ㉢ 한글학회의 『큰사전』에서는 모든 단어의 표제어는 한글로 적었고 괄호 속 에 한자, 로마자 등 다른 문자를 병기하였다.
> 　　　　　　　　한자어 처리 방안
> ㉣ 이로 인해 1930년대 이후에 우리 어문 연구가들은 맞춤법과 외래어 표
> 　　지시 표현
> 기법을 제정하고 표준어를 사정하였으며 이를 바탕으로 사전 편찬 사업 을 추진했다.

① ㉡ - ㉠ - ㉢ - ㉣
② ㉡ - ㉢ - ㉠ - ㉣
✓③ ㉣ - ㉡ - ㉢ - ㉠
④ ㉣ - ㉢ - ㉠ - ㉡

1단계 고정되어 있는 문장의 핵심 내용을 먼저 파악한다.
→ 1900년대 이후 한글로만 문자 생활을 하려는 경향이 나타났다.

2단계 접속어, 지시어, 반복되는 핵심어 등에 유의하여 글의 흐름을 파악한다.

- ㉣ 1930년대 이후 사전 편찬 사업이 추진됨
  → 지시 표현 '이로 인해': 고정된 문장의 '한글로만 문자 생활을 영위하고자 하는 경향'을 가리킴
  ↓
- ㉡ 사전 편찬 과정에서 우리말의 반 이상을 차지하는 한자어 처리 방안을 두고 고심함
  → 지시 표현 '그 과정': ㉣에 제시된 사전 편찬 사업을 의미함
  → 지시 표현 '그들': ㉣에 제시된 '우리 어문 연구가들'을 가리킴
  ↓
- ㉢ 『큰사전』에서 표제어는 한글로 적고 다른 문자를 괄호 안에 넣어 병기하는 방식을 사용함
  → ㉡에서 언급한 한자어 처리 방안에 관한 구체적 내용이 제시됨
  ↓
- ㉠ 각급 학교 교재에도 한자는 괄호 안에 넣어 병기함
  → 지시 표현 '이에 따라': ㉢에서 제시한 『큰사전』 표제어 병기 방식을 의미함

유형 8 | 논지 전개 방식

유형에 강해지는 전략

1단계 제시문에 사용된 논지 전개 방식(서술 방식, 설명 방식)을 파악한다.

• 논지 전개 방식의 종류(정의, 비교, 대조, 유추 등)에 대한 학습이 선행되어야 한다.

2단계 각 선택지에 사용되거나 제시된 논지 전개 방식을 파악하여 동일한 방식이 활용된 선택지를 고른다.

대표유형분석

다음 글의 주된 서술 방식은?   2021년 국가직 9급

> 변지의가 천 리 길을 마다하지 않고 나를 찾아왔다. 내가 그 뜻을 물었더니, 문장 공부를 하기 위해 나를 찾아왔다고 했다. 때마침 이날 우리 아이들이 나무를 심었기에 그 나무를 가리켜 이렇게 말해 주었다.
> "사람이 글을 쓰는 것은 나무에 꽃이 피는 것과 같다. 나무를 심는 사람
> 　　　　　　　　　　비유 ①
> 은 가장 먼저 뿌리를 북돋우고 줄기를 바로잡는 일에 힘써야 한다. …(중략)… 나무의 뿌리를 북돋아 주듯 진실한 마음으로 온갖 정성을 쏟고,
> 　　　　　　비유 ②
> 줄기를 바로잡듯 부지런히 실천하며 수양하고, 진액이 오르듯 독서에 힘
> 　비유 ③　　　　　　　　　　　　　　　비유 ④
> 쓰고, 가지와 잎이 돋아나듯 널리 보고 들으며 두루 돌아다녀야 한다. 그
> 　　　비유 ⑤
> 렇게 해서 깨달은 것을 헤아려 표현한다면 그것이 바로 좋은 글이요, 사람들이 칭찬을 아끼지 않는 훌륭한 문장이 된다. 이것이야말로 참다운 문장이라고 할 수 있다."

① 서사
② 분류
✓ 비유
④ 대조

1단계 제시문에 사용된 서술 방식을 파악한다.

→ '글쓰기'를 나무에 꽃이 피는 과정에 빗대어 표현하고 있으므로 제시문에 사용된 서술 방식은 ③ '비유'이다.

• 사람이 글을 쓰는 것은 나무에 꽃이 피는 것과 같다.

• 나무의 뿌리를 북돋아 주듯

• 줄기를 바로잡듯

• 진액이 오르듯

• 가지와 잎이 돋아나듯

2단계 각 선택지에 사용되거나 제시된 서술 방식을 파악하여 동일한 방식이 활용된 선택지를 고른다.

→ ③ 비유: 어떤 현상이나 사물을 직접 설명하지 않고 다른 비슷한 현상이나 사물에 빗대어 간접적으로 설명하는 방식

• ① 서사: 일정한 시간 내에 일어나는 일련의 행동이나, 전개되는 사건을 시간의 흐름에 따라 설명하는 방식

• ② 분류: 어떤 대상이나 생각들을 비슷한 특성에 따라 하위 항목을 상위 항목으로 묶어 나가는 방식

• ④ 대조: 둘 이상의 사물들에 대해 서로 다른 점을 밝혀내어 설명하는 방식

기출로 배우는 유형별 전략

유형 9 | 논리적 사고

유형에 강해지는 전략

1단계 제시문에 나타난 논증 방법이나 논리적 오류를 파악한다.

- 논증 방법(연역 추론, 귀납 추론, 유비 추론 등)과 논리적 오류(성급한 일반화의 오류, 무지의 오류 등)에 대한 학습이 선행되어야 한다.

2단계 각 선택지에 쓰인 논증 방법이나 논리적 오류를 파악하여 제시문과 동일한 것을 고른다.

대표유형분석

<보기>와 같은 유형의 논리적 오류에 해당하는 것은?

2018년 서울시 9급(3월)

> **보기**
>
> 네가 내게 한 약속을 지키지 않은 것은 곧 나를 사랑하지 않는다는 증거야.
> _{근거}

① 항상 보면 이등병들이 말썽이더라.
　　　　　　　_{근거}

☑ 내 부탁을 거절하다니, 넌 나를 싫어하는구나.
　　　_{근거}

③ 김씨는 참말만 하는 사람이다. 왜냐하면 그는 거짓말을 하지 않는 사람이기 때문이다.
　　　　　　　　　　　　　　　　　　　_{근거}

④ 거짓말을 하는 것은 죄악이다. 그러므로 의사가 환자에게 거짓말을 하는 것
　　_{근거}
은 당연히 죄악이다.

1단계 제시문에 나타난 논리적 오류를 파악한다.

→ '약속을 지키지 않았다'라는 결과에 대해 '나를 사랑하지 않는다'라고 말한 사람의 의도를 확대하여 발생하는 '의도 확대의 오류'에 해당한다.

2단계 각 선택지에 쓰인 논리적 오류를 파악하여 제시문과 동일한 것을 고른다.

→ ② 의도 확대의 오류: 의도하지 않은 결과에 대해 말한 사람이 본래부터 의도가 있었다고 과장, 확대하여 발생하는 오류

- ① 성급한 일반화의 오류: 제한되거나 불충분한 자료, 또는 대표성이 결여된 사례 등을 근거로 삼아 성급하게 일반화하여 발생하는 오류

- ③ 순환 논증의 오류: 결론에서 주장한 내용을 다시 근거로 제시하여 발생하는 오류

- ④ 원칙 혼동의 오류: 일반적인 원칙을 특수한 경우에도 그대로 적용하여 발생하는 오류

비문학 독해 문제풀이 TIP

발문을 꼼꼼하게 확인한다.

발문을 읽지 않고 바로 문제를 풀어서 오답을 고르는 경우가 많다. 발문의 형태가 긍정형인지 부정형인지 꼭 확인하는 습관을 들이자!

핵심어와 중심 문장을 찾는다.

모든 글 읽기의 기본은 주제를 파악하는 것이다. 주제를 파악하려면 글의 중심·화제인 핵심어를 찾아야 한다. 핵심어를 통해 문단의 중심 문장을 찾으면 글의 주제를 쉽게 파악할 수 있다. 각 문단의 핵심어와 중심 문장부터 찾아보자!

밑줄, 기호 등을 활용하여 지문을 분석한다.

길이와 상관없이 모든 지문을 정확하고 빠르게 읽는 방법은 밑줄이나 기호를 활용하는 것이다. 눈으로만 읽다 보면 지문이 담고 있는 정보를 정확하고 빠르게 파악할 수 없다. 또한 같은 내용을 여러 번 읽는 나쁜 습관이 생길 수도 있으므로 중요한 정보에 밑줄을 긋거나 기호를 표시하여 정확하고 빠르게 읽는 연습을 하자!

> 밑줄과 기호 사용 예시
> - ○: 중심 화제나 핵심 키워드   · □: 중심 문장이나 내용
> - 『 』: 예시   · △: 주요 접속어

공무원 국어 비문학 독해의 문제 유형을 파악하고 전략을 학습한다.

공무원 국어 비문학 독해 문제는 수능 문제와 다르다. 지문의 길이가 길더라도 1,000자 이상은 넘어가지 않는 편이며 지나치게 전문적인 내용은 다루지 않는다. 따라서 수능처럼 어렵고 긴 지문으로 독해 연습을 하게 되면 공무원 국어 비문학 독해 문제를 효율적으로 준비할 수 없다. 공무원 국어 비문학 독해의 문제 유형과 특성을 파악하고 그에 맞는 독해 전략을 학습하자!

모든 독해 문제의 정답은 지문에 근거하여 찾는다.

비문학 독해 문제의 정답은 지문에 제시되어 있다. 지문을 읽지 않고 배경지식으로만 문제 푸는 습관은 버리고, 비문학 독해 문제의 정답은 꼭 지문에 근거하여 찾도록 하자!

해커스공무원 국어
비문학 독해 333 Vol. 2

DAY
01 ~ 30

1   다음 글에서 추론할 수 있는 내용으로 적절하지 않은 것은?

동기란 인간이 어떤 행동을 하게 만드는 내적 직접 요인을 총칭하는 심리학 용어이다. 미국의 심리학자인 토리 히긴스는 이러한 인간의 동기를 접근 동기와 회피 동기라는 두 개의 차원으로 구분하여 설명하고자 하였다.

먼저 접근 동기란 좋은 것에 가까워지기 위해 노력하는 동기를 뜻하는데, 다시 말해 긍정적인 보상을 얻고자 열심히 어떤 일을 하는 것을 의미한다. 반면에 회피 동기는 싫은 것으로부터 멀어지기 위해 힘쓰는 동기를 말한다. 즉, 좋지 못한 것으로부터 벗어나거나 회피하고자 열심히 무언가를 하는 것이다.

흥미로운 것은 어떤 동기가 작용하느냐에 따라 행위의 결과를 대할 때의 정서도 달라진다는 점이다. 접근 동기가 작용하면 성공했을 때 기쁘고 실패했을 때 아쉬워하지만, 회피 동기가 바탕이 된 행동의 경우 성공하면 안도하고 실패하면 불안감을 느끼게 된다.

한편 인간의 정서에 영향을 미치는 동기와 관련해서 한 심리학 전문가는 한국 사회를 '회피 동기 사회'로 규정한 바 있다. 한국 사회는 경쟁이 일상화되어 접근 동기보다는 회피 동기가 행위의 동기로 작용하는 경우가 많기 때문이다. 예를 들어 학생들이 '공부하지 않으면 친구보다 석차가 떨어질 거야'라고 생각하거나 청년들이 '지금 돈을 모아 두지 않으면 나중에 무시당할 거야'와 같은 생각을 하는 것이 있다.

한국 사회와 같이 회피 동기가 강화된 사회에서 구성원은 행복을 추구하기보다는 실패를 예방하기 위해 노력하는 삶을 살게 된다. 이러한 사람들은 결국 기쁨이나 아쉬움의 차원까지 나아가지 못하고, 안도와 불안을 느끼는 데 머무를 수밖에 없다.

① 회피 동기가 강화된 사람은 실패를 두려워한다.
② 접근 동기는 이익을 늘리기 위한 행동의 동기가 된다.
③ 타인과의 사회적 관계가 동기의 작용에 영향을 미친다.
④ 개인이 노력하는 수준에 따라 행위 동기의 종류가 결정된다.

2 제목으로 가장 적절한 것은?

> 영화 상영에 따른 변동 비용은 거의 없다. 상영관 안에 관객이 한 명이 있든 백 명이 있든 영화 상영에 드는 총 비용은 별로 차이 나지 않는다. 관객이 많아질수록 관객 한 명당 들어가는 비용이 크게 감소하는 구조다.
> 또한 변동 비용이 거의 들지 않는다는 것은, 관객 한 명을 추가로 받기 위해서 영화관이 지불해야 하는 한계 비용이 0에 가깝다는 말이다. 최대한 양보해서 한계 비용이 500원이라고 하자. 이것저것 할인해 준 후 입장료로 6천 원만 받는다 해도 이는 한계 비용보다 훨씬 큰 금액이다.
> 관객 한 명을 더 받을 때마다 영화관의 이윤은 5,500원씩 증가하는 셈이다. 따라서 영화관은 상영관이 만석이 될 때까지 관객을 불러 모을 필요가 있다.

① 영화 관람료의 구성 요소
② 영화 상영 비용과 관객 수의 상관관계
③ 영화관의 크기에 따른 변동 비용의 차이
④ 영화관 운영의 한계 비용을 줄이는 방법

3 ㉠ ~ ㉢에 들어갈 말을 바르게 연결한 것은?

> 설렁탕은 쇠머리·사골·도가니를 비롯하여 뼈·사태고기·양지머리·내장 등을 넣고 10시간 넘게 푹 끓인 음식이다. 설렁탕에는 뼈에서 우러나온 흰색의 콜로이드(colloid)가 녹아 있기 때문에 국물이 우윳빛을 띤다. (㉠) 식민지 시기 신문 자료 중에는 설렁탕을 '설농탕(雪濃湯)'이라 표기한 것도 있다. 국물 색이 마치 눈과 같이 희면서 맛은 진하다는 의미가 이름에 담겼다. (㉡) 여기서 설렁탕의 유래에 대해 언급하지 않을 수 없다. 설렁탕의 유래에 대해서는 크게 두 가지 주장이 있다. 하나는 조선시대 임금이 선농제를 지내고 직접 농사 시범을 보이던 장소인 선농단(先農壇)에서 유래했다는 주장이다. (㉢) 선농단이 설농탕(설렁탕)이란 발음으로 변했다는 주장이다. 두루 알려진 이야기는 1940년 홍선표(洪善杓)가 출간한 《조선요리학(朝鮮料理學)》에 나올 뿐, 조선시대 문헌에서는 아직 발견되지 않았다. 다른 하나는 원나라 때 몽골 음식인 '슈루' 혹은 '슐루'가 고려에 전해졌는데, 그 말이 변해서 설렁탕이 되었다는 주장이다. 실제로 칭기즈칸 시대에 이 말은 '맛있는 고깃국'이라는 뜻이었다.

	㉠	㉡	㉢
①	말하자면	그런데	그리고
②	말하자면	그러나	그리고
③	그래서	그런데	곧
④	그래서	그러나	곧

정답 및 해설 2p

1 다음 글의 내용과 부합하지 않는 것은?

감정은 사람을 움직이는 강력한 힘이다. 감정은 생각과 행동을 좌우한다. 감정이 통하면 손해도 기꺼이 감수하고, 호감이 가는 사람의 말에는 쉽게 동의가 된다. 사적인 관계에서 공적인 조직 경영에 이르기까지 공감 능력은 행복과 성공의 열쇠가 된다. '정서 지능'이라는 개념도 널리 쓰인다. 그런데 감정 그 자체는 불가사의다. '열 길 물속은 알아도 한 길 사람 속은 모른다'는 말처럼, 감정은 언제나 블랙박스다. 오랫동안 함께 지낸 가족이나 친구의 마음조차 전혀 종잡을 수 없는 경우가 많다.

뿐만 아니라 감정은 나 자신에게도 매우 낯선 '타자'로 종종 다가온다. 나의 생각이나 의지와 관계없이 움직이는 감정에 당혹감을 느낀다. "삶이 벽이나 나무에 의해 드리워진 그늘과 같다면 얼마나 좋을까. 하지만 삶은 하늘을 나는 새들에 의해 드리워진 그늘과 같다는 것을 알아야 한다." 『탈무드』에 나오는 말이다. 감정에 대한 비유로도 읽을 수 있겠다. 끊임없이 바뀌는 새떼의 모습처럼, 감정은 내 안에 있으면서도 예측하기 어려운 방식으로 작동한다. 그것은 자기 나름의 의지와 동력을 가지고 움직이는 듯하다. 예를 들어 입사 동기가 승진했을 때, 이성적으로는 얼마든지 받아들일 수 있다. 그 사람이 더 훌륭하지, 더욱 분발하는 계기로 삼자, 다음에 또 기회가 있을 거야, 긴 호흡으로 실력을 쌓아가면 돼…… 머리로는 정리가 되었지만, 가슴은 부글부글 끓어오른다. 아무리 자신을 다독여도 열등감과 시기심에 잠을 설친다.

인간관계를 둘러싼 감정은 훨씬 더 변덕스럽다. 내게 큰 잘못을 저지른 사람을 용서했다고 생각했는데, 어느 날 갑자기 화가 치밀어 오른다. 도대체 어디에 숨어 있던 분노인가. 아이의 행동이 못마땅해서 버럭 소리를 질렀는데, 곧이어 후회가 밀려든다. 가족과 사별한 후 그 슬픔을 씻고 일상에 차분하게 복귀했다 싶었는데, 고인의 유품을 우연히 발견하고는 왈칵 눈물이 쏟아진다.

① 생각과 행동은 감정에 의해 바뀌는 경우가 있다.
② 감정은 스스로도 예상할 수 없는 형태로 계속해서 변화한다.
③ 공감 능력이 높으면 조직을 성공적으로 경영하는 데 유리하다.
④ 처음 보는 사람보다 오래 알고 지낸 사람의 감정이 더 알기 어렵다.

2 다음 글의 내용과 가장 가까운 것은?

공자는 예에 기반을 둔 정치는 정명(正名)에서 시작한다고 하며, 정명을 실현할 주체로서 군자를 제시하였다. 정명이란 '이름을 바로 잡는다'라는 뜻으로, 다양한 사회적 관계 속에서 자신이 마땅히 해야 할 도리를 행하는 것을 의미한다. 군주는 군주다운 덕성을 갖추고 그에 맞는 예를 실천해야 하며, 군주뿐만 아니라 신하, 부모 자식도 그러해야 한다. 만일 군주가 예에 의하지 아니하고 법과 형벌에 기대어 정치를 한다면, 백성들은 형벌을 면하기 위해 법을 지킬 뿐, 무엇이 옳고 그른지 스스로 판단하려 하지 않는 문제가 생길 것이라고 공자는 보았다.

① 낙락장송도 근본은 종자.
② 윗물이 맑아야 아랫물이 맑다.
③ 콩 심은 데 콩 나고 팥 심은 데 팥 난다.
④ 나는 바담 풍(風) 해도 너는 바람 풍 해라.

3 다음 중 <보기>와 같은 서술 방식이 쓰인 문장은?

보기

예금 취급 기관은 금융을 중개하는 역할을 수행하면서 예금이나 채권을 발행하는 금융회사다. 은행이 대표적인 예금 취급 기관이다. 은행은 다시 일반은행과 특수은행으로 구분되는데, 일반은행은 개인과 기업이 예금과 대출을 할 때 이용한다. 일반은행에는 시중은행, 지방은행, 외국은행 국내 지점이 있다. 시중은행은 KB국민은행, 우리은행, 신한은행, 하나은행처럼 전국적으로 영업하는 은행이며, 지방은행은 부산은행, 대구은행, 광주은행처럼 특정 지역을 주된 영업 구역으로 한다.

한편 일반은행이 자금을 공급하기 어려운 특수한 부문에 자금을 공급하는 은행들이 있는데, 이러한 은행들을 특수은행이라고 부른다. 중요한 산업이나 기술 개발에 필요한 장기 자금을 공급해주는 한국산업은행, 중소기업을 대상으로 관련 금융을 담당하는 중소기업은행, 기업이 수출입 거래를 하는 데 필요한 자금을 전문적으로 융통해주는 한국수출입은행 등은 모두 정부가 국가 정책을 효과적으로 수행하기 위해서 설립한 특수은행이다.

① 우리나라에서 서식하는 설치류에는 들쥐, 다람쥐, 청설모 등이 있다.
② 베이컨은 "아는 것이 힘이다"라고 말하며 학습의 중요성을 강조했다.
③ 한국의 김치와 불가리아의 요구르트, 중국의 두반장은 모두 발효 음식에 속한다.
④ 아득한 결승점을 향해 달리는 마라톤처럼 인생도 장기적인 안목을 가지고 목표를 성취해야 한다.

정답 및 해설 3p

1 다음 글에서 '카'의 견해로 볼 수 없는 것은?

> 역사를 바라보는 관점은 매우 다양하지만, 크게 객관적 의미의 역사와 주관적 의미의 역사 두 가지로 나눌 수 있다. 전자의 경우 역사적 자료 그 자체에 충실하면서 사료를 분석하는 데 있어 개인의 편견이나 선입견을 담지 않고 객관적인 입장에서 역사를 서술하는 관점이다. 이는 독일의 역사학자인 랑케에 의해 발전되었으며, 흔히 실증주의 사관이라고도 불린다. 랑케는 역사가란 사실을 전달하는 역할을 하는 사람이기 때문에 이를 위해 사료를 엄밀하게 점검하여 그 신뢰성을 확보하여야 하며, 중립적인 태도로 사료 그 자체를 서술해야 한다고 주장하였다. 이와 달리 주관적 의미의 역사는 역사가의 학문적 검증에 의해 선별된 자료들을 주관적으로 재구성하여 서술하는 관점을 말한다. 따라서 역사 연구 과정에서 역사가의 주관과 가치관이 필연적으로 포함될 수밖에 없으며, 과거 사실은 역사가가 어떻게 해석하느냐에 따라 달리 표현되기 때문에 상대주의 사관이라고 불리기도 한다. 대표적인 역사학자로는 카가 있는데, 그는 자신의 저서인 <역사란 무엇인가>에서 역사란 과거와 현재의 끊임없는 대화로 역사가와 과거 사실이 상호작용한 결과라고 논하였으며 역사의 주관적 재구성을 강조하였다.

① 역사를 서술하는 일은 객관적일 수 없다.
② 역사는 역사가에 의해 재구성된 결과물이다.
③ 역사가는 사료 본연의 내용만을 역사로 서술해야 한다.
④ 역사는 역사가와 과거 사건의 쌍방향적 소통을 통해 서술된다.

2 다음 글을 문맥에 맞게 배열한 것은?

> (가) 이처럼 사람들이 각자 지니고 있는 세상과 자기에 대한 도식이 무엇이냐에 따라 느끼는 감정과 드러내는 행동은 전혀 달라진다. 개에 대한 공포 도식을 갖고 있는 사람들은 그렇지 않은 사람들에 비해 개에 민감하게 반응하기 때문에 개들을 더 잘 보게 되고 두려움을 강하게 느낀다. 마찬가지로 자신에 대해 비관적인 도식을 갖고 있는 사람들은 꼬이는 일들이 더 많이 일어난다고 판단한다. 왜냐하면 그들은 꼬이는 일들에 더 민감하게 반응하기 때문이다.
>
> (나) 예를 들어, 개에 관해 어떤 사람은 네 발로 걷고, 멍멍 하고 짖으며, 털이 달려 있고, 날카로운 이빨이 있으며, 사람을 해친다는 도식을 가질 수 있을 것이다. 또 다른 사람은 개에 대해 네 발로 걷거나 짖는 것은 앞의 도식과 같지만, 털이 부드럽고, 사람을 좋아하며, 귀여운 동물이라는 다른 도식을 추가로 형성하고 있을 수도 있다.
>
> (다) 개에 대한 도식처럼 사람들은 각자에 대한 도식을 마음속에 가지고 있는데 이를 '자기 도식(Self-Schema)'이라고 한다. 각자가 가지고 있는 도식은 각자가 처한 상황을 해석하고 그 상황에서 어떻게 행동할 것인지에 대한 지침을 제공해 준다. 개는 사람을 해친다는 개에 대한 도식과 함께, 자신은 개를 효과적으로 다룰 수 없다는 자기 도식을 가진 사람은 개만 보면 피하게 될 것이다. 그러나 귀엽고 사랑스럽다는 개에 대한 도식과 자신은 개를 무서워하지 않는다는 자기 도식을 갖고 있다면 다가가서 개의 목을 쓰다듬을 것이다.
>
> (라) 동일한 사실을 보고도 사람들은 그것을 각기 다른 식으로 이해한다. 왜냐하면 세상이나 사물 또는 자신에 대한 이해의 틀이 다르기 때문이다. 이러한 마음의 틀, 일종의 필터를 심리학에서는 '도식(schema)'이라고 하는데, 이는 과거의 개인적인 기억이나 사회적 경험을 통해 형성되고 유지된다.

① (다) – (가) – (나) – (라)
② (다) – (나) – (가) – (라)
③ (라) – (가) – (다) – (나)
④ (라) – (나) – (다) – (가)

3 밑줄 친 부분의 주된 설명 방식은?

> 노자의 도덕경에 '상선약수(上善若水)'라는 말이 있다. '지극히 착한 것은 흐르는 물과 같다'는 뜻이다. 흐르는 물은 자체적으로 정화를 하기 때문에 깨끗하다. 흐르는 물에는 이끼가 끼지 않는다. 그러나 한 가지 일을 오래 하다보면 자신도 모르게 정체된다. 시대와 함께 흘러가야 하는데 변화를 따라가지 못한다. 고여 있다보니 조금씩 혼탁해지다가 끝내는 썩고 만다. 사람도 물과 마찬가지다. 살아남기 위해서는 쉼 없이 자기 정화를 하며 흘러가야 한다. 한곳에 안주하고 있으면 지금은 편안하겠지만 훗날 반드시 그 대가를 치러야 한다.

① 예시   ② 비유
③ 유추   ④ 묘사

1 다음 글의 진술 방식에 대한 설명으로 적절하지 않은 것은?

> 과거에는 의사들의 진료 잘못으로 사고가 발생해도, 병원이나 의사를 상대로 보상받기가 극히 어려웠으며, 유일한 방법이 소송이었다. 하지만, 소송에서 환자가 의사의 과실을 입증해야 했기 때문에 여러 가지 어려움이 따랐다. 또한 의료 소송의 평균 소송 기간이 26.3개월로서 일반 소송의 4배가 넘고 항소율이 71%가 넘어 최종심까지 가는 경우가 대부분이다. 따라서 의료 서비스의 피해자인 원고가 승소하더라도 개인적 실익이 없는 경우가 많다. 그래서 피해자들은 몸으로 항의하여 병원으로부터 위로금 형태의 보상이나 합의금을 받거나, 아니면 포기하는 경우가 대부분이었다.
>
> 하지만, 최근 들어 의료 소송에서 법원이 피해자의 입증 책임을 어느 정도 줄여주고 있어 피해자의 권리 회복의 여건이 다소 나아졌으며, 이 점이 의료 분쟁이 늘어나는 하나의 요인으로 작용했다고 볼 수 있다. 다시 말해, 피해자가 병원 측의 과실을 모두 입증하지 못하더라도 법원이 병원 측의 과실을 인정하는 경우가 과거에 비해 늘고 있는 것이다.

① 대조를 통해 현상의 변화 양상을 밝히고 있다.

② 구체적 수치를 활용해 문제 상황의 원인을 드러내고 있다.

③ 개인의 경험을 사례로 제시하여 주장의 신뢰성을 강화하고 있다.

④ 앞에서 제시된 내용을 풀어서 설명하여 독자의 이해를 돕고 있다.

2 문맥상 ㉠과 ㉡에 들어갈 말로 가장 적절한 것은?

> 하이퍼루프는 튜브 바깥쪽에 태양 전지판을 부착하여 열차 이동에 필요한 에너지를 자체 생산할 수 있어 친환경적이며, 적은 동력으로도 운행할 수 있다는 점에서 경제적이다. 날씨의 영향을 받지 않으며 지진이 발생해도 버틸 수 있다는 점 역시 눈여겨볼 만하다. 그러나 일각에서는 하이퍼루프의 안전성을 장담할 수 없다는 문제를 (㉠)하고 있다. 음속으로 달리는 열차이므로 만약 사고가 발생한다면 대형 참사로 이어질 수 있기 때문이다. 기반 시설을 건설하는 데에 천문학적인 비용이 들어가게 된다는 점도 하이퍼루프의 단점으로 꼽힌다. 이에 대해 하이퍼루프 개발업체들은 초기 투자 비용을 (㉡)할 만큼 유지비가 적게 든다는 점을 강조하고 있다. 수많은 기술자가 하이퍼루프 개발에 뛰어들면서 하이퍼루프가 항공기, 기차, 자동차, 배를 잇는 제5의 교통수단이 될 수 있을지 기대가 모이고 있다.

	㉠	㉡
①	제청	창출
②	제청	상쇄
③	제기	상쇄
④	제기	창출

3 다음 예문과 같은 유형의 논리적 오류가 나타난 것은?

> 사회 구성원 모두가 공평하게 납세의 의무를 수행할 때 비로소 공정한 사회를 만들 수 있다. 따라서 장애인에게만 세금 감면 혜택을 주는 제도는 공평하지 못하므로 폐지해야 한다.

① 부장님에 대한 혹평이 없었으므로 분명 좋은 사람일거야.

② 너는 불행하지 않다고 하는 걸 보니 행복한 삶을 살고 있구나.

③ 머리를 감지 않았을 때 시험 성적이 좋았으니 시험 기간에는 씻지 않을 거야.

④ 인간은 자신의 행동을 결정할 권리가 있으므로 청소년의 흡연도 허용해야 해.

정답 및 해설 5p

1　다음 글에 대한 추론으로 적절하지 않은 것은?

실내 공기의 오염이 심각할 경우에는 탈취 기능과 살균 기능을 가진 '오존'을 이용할 수 있다. 오존은 형광등과 같은 모양의 자외선램프나 전기 방전으로 쉽게 만들 수 있다. 식당에서 사용하는 식기나 컵 소독기 속의 푸른색 형광등이 바로 자외선램프다. 광고에서 '음이온 공기청정기'라고 부르는 것은 사실 전기 방전을 이용한 오존 발생 장치다. 보통 전깃줄을 합선시켰을 때처럼 요란한 소리와 불꽃(스파크)이 나지 않도록 아주 적은 양의 전류가 흐르게 하여 만든 간단한 장치다. 실제로 외국에서는 그런 공기청정기를 '오존 발생기 (ozonizer)'라는 이름으로 판매한다. 전류를 너무 많이 흘려주면 오존과 함께 유독한 질소산화물까지 만들어질 수 있기 때문에 전류의 양을 적절하게 조절하는 것이 중요하다.

화학적으로 강한 산화력을 가진 오존은 실내 공기 중에 있는 냄새나는 분자나 세균에 달라붙어서 분해시키는 화학 반응을 일으킨다. 특히 오존은 담배 연기의 고약한 냄새를 만들어 내는 페놀과 같은 물질을 분해시키는 탁월한 성능을 가지고 있어서 공항이나 대합실의 흡연실에서 많이 사용한다. 흡연실에서 비릿한 냄새가 나는 것이 바로 오존 때문이다.

오존을 사용하려면 오존이 사람의 눈이나 호흡기에도 피해를 줄 수 있다는 사실을 분명하게 알고 있어야 한다. 적당한 양의 오존은 실내 공기를 상쾌하게 만들어 주지만, 오존이 많은 방에 너무 오래 있으면 건강에 해로울 수 있다는 뜻이다. 어린아이나 노약자의 경우에는 더욱 그렇다. 그래서 오존을 이용하는 공기청정기는 필요한 경우에만 적절하게 사용해야 한다. 특히 오존 특유의 비릿한 냄새가 날 정도라면 반드시 환기를 해야 한다.

① 오존 발생기에서 질소산화물이 만들어질 때 비릿한 냄새가 난다.
② 음이온 공기청정기와 오존 발생기는 전기를 활용해 오존을 만든다.
③ 오존 발생기는 실내 공기 중의 세균을 근원적으로 제거할 수 있다.
④ 흡연실의 오존 발생기에 오래 노출되면 호흡기에 문제가 생길 수 있다.

2 다음 글에서 알 수 있는 내용이 아닌 것은?

로마인들은 아프로디테를 베누스(Venus, 영어로 비너스)와 동일시했기 때문에 두 여신 모두 아름다움의 원형이라고 할 수 있다. 또 로마인들은 베누스를 매우 존경해 그 이름에서 유래한 'venerate'라는 말은 '삼가고 경외하다'라는 뜻을 갖게 되었다. 또 나이 먹은 사람들은 존중받아야 하기 때문에 노인들에 대해서는 venerable(존경할 만한)이라고 표현한다.

아프로디테는 케스토스(cestos)라는 자수를 놓은 띠를 남편 헤파이스토스로부터 선물 받았다. 이 띠는 사랑을 일으키게 하는 힘을 가지고 있었으며, 그녀의 매력을 한층 돋보이게 하고, 사람들의 눈길을 사로잡는 것으로 알려져 있다. 그래서 아름답고도 매력적인 여자를 보면 '아프로디테의 허리띠(cestos himas, Aphrodite's belt)'를 차고 있다고 표현한다. 그런데 고대 로마 시대에 들어와 케스토스는 '가죽으로 된 권투선수 장갑'으로 쓰였고, 또 의학자들은 띠처럼 생긴 '촌충(cestoid)'에 케스토스라는 이름을 붙임으로써 본디 이 단어가 갖고 있던 서정성을 퇴색시키고 말았다.

아프로디테는 주요 행성에 이름이 부여된 유일한 여신이기도 하다. '금성(金星)'이 바로 그것이다. 금성은 태양계에서 태양과 달 다음으로 밝고 아름다우며 별 중에서는 가장 밝게 빛나는 별로서, 태양의 어느 쪽에 자리잡고 있느냐에 따라 어둠별(evening star)이라 불리기도 하고, 샛별(morning star)이라 불리기도 한다.

① 'venerate'의 어원
② '케스토스'의 의미 변천
③ 위치에 따라 다른 금성의 이름
④ 로마인들이 베누스를 존경한 이유

3 ㉠ ~ ㉢에 들어갈 적절한 접속어를 순서대로 나열한 것은?

샌드위치 증후군은 말 그대로 '끼어 있는 상황'이기 때문에 양쪽 모두의 요구를 만족시켜야 하는 만큼 동시에 원망을 사거나 비난을 듣게 되면 감당하기 힘든 스트레스를 받는다. 양쪽 모두와 소통해야 한다는 압박감과 고통은 개인에게 엄청난 심리적 부담을 안겨 주며, 특히 책임감이 강한 사람일수록 심각한 불안이나 강박 증세에 시달리게 된다. (㉠) 이러한 상황이 지속될 경우 코르티솔 호르몬의 과다 분비로 인해 소화불량이나 불면증, 우울감, 기억력 저하 등 신체적인 이상 증상으로 이어지게 될 위험이 있다. (㉡) 이들 증후군은 소속 집단에서의 지위로 인한 상황 자체가 원인이라는 공통점이 있는데, 이로 인해 개인의 노력만으로는 벗어나기가 쉽지 않다. (㉢) 주변인들도 중간자가 처한 상황과 그의 고민에 대해 관심을 기울이고 소통을 위해 함께 노력할 필요가 있다.

	㉠	㉡	㉢
①	게다가	가령	반면
②	그러나	요컨대	따라서
③	게다가	한편	따라서
④	그래서	따라서	그리고

정답 및 해설 6p

1 다음 글에 이어질 내용으로 가장 적절한 것은?

오페라는 고대 그리스 시대의 이상을 재현하려 한 르네상스 시대의 산물로, 이탈리아에서 탄생하였다. 이탈리아 피렌체에서 시작된 오페라는 프랑스를 거쳐 서유럽으로 급속히 퍼져나갔으며, 특히 절대 왕정의 후원 아래 귀족 문화가 꽃피웠던 17~18세기에 귀족들만이 향유할 수 있는 예술로 자리 잡으며 폭발적인 인기를 누렸다. 그러다 19세기에 들어서며 오페라는 귀족부터 서민까지 모든 계층이 즐길 수 있는 엔터테인먼트 사업으로 발전하였으며, 봉건 귀족층을 위한 오페라 세리아, 중산층과 일반 시민들을 위한 코믹 오페라와 오페레타 등 다양한 형태로 진화하였다. 그러나 산업혁명의 영향으로 막강한 부를 쌓아 새로운 세력으로 성장한 시민들 중에는 이전의 귀족들이 누리던 예술과는 전혀 다른 예술을 원하는 사람들이 있었다. 이러한 분위기에 발맞춰 19세기 유럽에서 등장한 것이 바로 뮤지컬이다. 초창기 뮤지컬은 전통적인 오페라 형식에서 벗어나 가면극이나 발라드 오페라, 벌레스크, 보디빌 등의 쇼적인 요소와 셰익스피어 연극의 기법을 적용한 것이었다. 그리고 이것이 아메리카 대륙으로 이주해 온 유럽인들에 의해 미국에 전파되어 오늘날 미국을 대표하는 대중예술로 자리매김하게 되었다. 한편 오페라와 뮤지컬은 음악과 드라마를 결합했다는 점에서는 큰 차이가 없다고 볼 수 있지만, 실제 공연을 통해 드러나는 것은 다르다.

① 오페라의 발전 과정
② 오페라와 뮤지컬의 차이
③ 뮤지컬에 사용된 연극 기법
④ 오페라가 쇠퇴하게 된 이유

2 다음 글에서 알 수 있는 내용이 아닌 것은?

우리 주위에서는 은을 보기 힘들어 은이 좋은지 모르나 은은 아름다운 금속이다. 은은 아름답고 또 오래 가고 귀해서 옛날부터 쓰였다. 또 순은에는 불순물의 독을 없애는 놀라운 효과가 있다. 순은의 이러한 성질 은 수은이 무서운 살균제가 되고 중독 현상을 일으키는 것과 관련이 있다고 본다. 한편 은은 황금과도 비슷 한 성질이 있어 신비롭게도 몸에 좋다. 은단은 순은의 바로 이런 신기한 성질을 이용한 것이다.

반면 순은의 약점 가운데 하나는 더러운 공기 중에서는 색깔이 변하는 것이다. 지금까지는 색깔이 변한 부분을 닦아내어 은의 고유한 아름다움과 광택을 냈다. 그러나 이는 결국 순은을 깎아내는 것으로 귀중품 의 무게가 줄어든다는 점에서는 바람직하지 않은 방법이다. 최근에는 색깔이 변한 순은을 아주 높은 온도 로 가열하면서 수소를 보내 색깔이 변한 부분을 다시 순은처럼 반짝거리게 하는 방법을 쓴다.

순은이 귀하게 취급된 이유는 아름답다는 이유도 있으나 황금보다는 산출이 적었기 때문이다. 은은 지각 에는 금보다는 많았으나 황금과는 달리 표사광상으로 나오지 않았고 제련이 어려웠기 때문이다.

① 순은의 제독 기능
② 은이 인체에 미치는 영향
③ 공기가 은을 변색시키는 원리
④ 순은의 희소성을 높이는 원인

3 다음 글에서 설명한 '비판적 듣기'에 가장 적절한 것은?

비판적 듣기란 청자 자신의 입장이나 관점을 견지하면서, 단순히 들은 정보를 이해하고 수용하는 데 그 치지 않고 상대방의 입장이나 견해에 대하여 평가하고 판단하면서 듣는 데 그 목적이 있다. 이때 '비판적' 이란 말의 의미는 무조건 상대의 말을 부정한다는 것이 아니라 들은 내용을 확인하고, 그 내용을 살펴서 보다 깊이 있게 이해하고, 몇 가지 판단 기준에 비추어 보아서 내용의 신뢰성, 타당성, 공정성을 평가하면 서 듣는다는 말이다.

내용의 신뢰성이란 정보나 자료의 출처가 믿을 만한 것인지에 대한 것이다. 출처가 불확실하거나 정확하 지 않은 정보, 또는 인정할 수 없는 권위에 기대어 어떤 말을 인용했을 경우, 그 내용을 신뢰하기는 어려울 것이다. 또한 내용의 타당성이란 그 말이 전후 맥락에서 자료나 근거로부터 결론을 이끌어 내는 방식이 합 리적인지, 현실이나 삶의 이치에 부합되는지 등을 따짐으로써 평가될 수 있다. 또한 내용의 공정성이란 말 의 내용이나 주장이 공평하고 정의로운가 하는 것이다.

① 동생이 여행 중에 겪었던 일들에 대해 말할 때 관심을 표현하며 듣는다.
② 격양된 모습으로 학생들의 잘못을 꾸짖는 선생님의 감정을 이해하며 듣는다.
③ 근거로 제시한 자료들의 공신력을 점검하며 상대측 토론자의 발언을 경청한다.
④ 상담을 받는 학생의 표정에 주목하여 언급하지 않은 내용까지 파악하며 듣는다.

정답 및 해설 7p

1 다음 글에 대한 설명으로 적절하지 않은 것은?

> 플라톤에 대해 인간적으로 아는 것이 있는가? 대개 고대 희랍의 철학자였다는 것, 소크라테스의 제자이자 아리스토텔레스의 스승이라는 것을 제외하곤 알지 못할 것이다. 오래 전에 대학에서 철학 개론을 가르칠 때의 일인데, 어떤 학생이 "Platon과 Plato의 관계가 뭔가"를 물어온 적이 있었다. 우리는 플라톤의 영어 철자를 'Platon'이라 쓰고 '플라톤'이라 읽지만 영어로 된 문헌에서는 'Plato'라고 쓰고 '플레이토'라고 읽는다. 아마 그 학생은 영어로 된 문헌에서 이걸 보았을 것이다. 그래서 나는 같은 사람이라고 대답해 주었지만, 저자에 대해 기초적인 지식을 모를 경우 종종 생겨나는 일들이다.
>
> 여기서 '인간적'이라고 단서를 붙인 것은 플라톤이 정서적으로 누구와 친하고 친하지 않았냐 따위의 사생활을 묻는 것이 아니다. 플라톤이라는 인간이 살았던 시대를 묻는 것이다. 플라톤이 살았던 시대의 핵심 사건이 무엇인지를 아는 것이 플라톤을 '인간적'으로 아는 것의 출발점이다. 더군다나 정치사상 관련 책을 쓴 플라톤이 당대의 정치 상황에 무심하지는 않았을테니 정치적으로 가장 중요한 사건이 무엇인지를 알아야 하는 것이다.
>
> 플라톤은 서기전 5세기 사람이다. 지금부터 2,500년 전쯤 사람인 것이다. 이때 희랍에서 일어난 사건 중에 가장 중요한 것은 무엇인가? 펠레폰네소스 전쟁이다. 전쟁은 예나 지금이나 가장 중요한 사건이다. 대한민국 역사에서 가장 중요한 사건은 무엇인가. 두말할 것도 없이 1950년에 일어난 한국전쟁이다. 사람의 일생에서 가장 중요한 일이 태어나고 죽는 일인데 가장 짧은 기간에 많은 사람들이 죽어갔으니 이것이 가장 중요한 일이 아닐 수 없다. 그 영향력의 측면에서 보아도 그렇다.

① 필자의 실제 경험담을 통해 논지를 전개하고 있다.

② 자문자답의 형식으로 독자의 흥미를 유발하고 있다.

③ 실제 역사적 사례를 제시함으로써 내용을 구체화하고 있다.

④ 대상에 대한 일반적인 통념을 반박하며 내용을 전개하고 있다.

2 다음 글을 읽은 후의 반응으로 가장 적절한 것은?

> 개화기에는 오랫동안 같은 광고를 되풀이해서 게재했다. 가장 대표적인 광고가 독일상사 세창양행의 금계
> 랍 광고일 것인데 수개월 같은 광고가 게재되었다. 이런 관례는 1910년 한일합병 무렵까지 계속되었다. 물론
> 그렇지 않은 광고도 많았다. 말할 것도 없이 이런 변화의 근본 원인은 광고가 늘어난 데에 있었다.
>
> 활자뿐이던 광고에 차차 일러스트레이션이 나타나는 것은 《독립신문》에 실린 세창양행 광고가 효시이다.
> 초기에는 단순한 일러스트레이션이었지만 20세기 초에 이르자 주로 서구 제품 광고에 세련된 일러스트레
> 이션이 나타나게 되었다. 카피에도 변화가 일어나는데 크게는 문어체(文語體)가 구어체(口語體)로 바뀌었
> 다. 여러 광고를 보면 광고의 중요성을 깨닫기 시작하는 것이 드러나고 있다. 그것은 그냥 '광고'에서 '특별
> 광고'로 바뀐 것이나 광고에 주목을 끌기 위해 작은 컷을 사용한 점 등으로 알 수 있다.
>
> 전신(電信)이 개통되고 철도가 부설되며 서울에는 전차가 등장하자 전선주가 들어서게 되었다. 전차 지
> 붕에는 간판이 나붙게 되었다. 아울러 전선주에도 광고가 붙게 되었다. 개항이 되어 서구 문물이 들어와
> 서 상점이 생기니 상점에는 간판이 나붙게 되었다. 1909년 3월 《대한매일신보》에는 간판 상점이 게재한 광
> 고가 있는데 그 내용을 보면 간판에 대한 인식의 일부를 알 수 있다. 우선 헤드라인은 "대한에 처음 광고
> 요 상업에 긴요하오"이다. 카피에는 "…외국 상업인은 일가옥상에 간판이 1, 2, 3판(板)이라… 본포(本鋪)에
> 서 양옥(洋屋)에 각색 칠도 하고 창호(窓戶)에 유리도 박고…"라 했다. 이 광고 내용으로 미루어 보건대 아
> 직 간판의 필요성이 널리 인식되지는 않은 듯하다. 그러나 이런 상인이 생겼다는 사실은 간판을 다는 상점
> 이 늘고 있다는 것이 된다.

① 개화기에 국민들이 서양 문물에 익숙해지도록 외국 제품의 광고를 반복하여 게재했겠군.

② 카피를 구어체로 바꾼 것은 고객들에게 친근감을 유발하여 광고 효과를 높이기 위한 것이겠군.

③ 현대의 신문 지면에 실린 상대적으로 작은 크기의 광고는 중요한 내용을 다루므로 주목해야겠군.

④ 개항 이후 간판을 다는 상점이 늘어난 것은 간판을 통해 수익을 얻는 상인들이 점점 늘어났기 때문이겠군.

3 다음 글의 주된 설명 방식이 적용된 것으로 가장 적절한 것은?

> 성과 사회의 피로는 사람들을 개별화하고 고립시키는 고독한 피로다. 그것은 한트케가 「피로에 대한 시
> 론」에서 "분열적인 피로"라고 부른 바 있는 바로 그 피로다. "둘은 벌써 끝없이 서로에게서 떨어져 나가고 있
> 었다. 그리하여 각자 자기에게 가장 고유한 피로 속으로 빠져들었다. 그것은 그러니까 우리의 피로가 아니
> 었고, 이쪽에는 나의 피로가, 저쪽에는 너의 피로가 있는 꼴이었다." 이런 분열적인 피로는 인간을 "볼 수 없
> 고 말할 수 없는 상태"로 몰아넣는다.

① 욕망의 이중적 일치란 물물 교환 시 상대가 자신의 물건을 원하고 자신도 상대의 물건을 원하는 상태를 이르
는 말이다.

② 최근 10년간 우리나라의 가계 부채가 급격히 늘어났다. 이는 부동산 대출의 비중이 크게 증가한 것이 원인이었
고 결국 정부의 시장 개입을 초래했다.

③ 문화권에 따라 개인과 공동체의 관계가 다르게 나타난다. 개인과 공동체를 분리하여 개인의 권리를 철저히 보
호하는 문화가 있는 반면 공동체를 위한 개인의 희생이 용납되는 문화도 있다.

④ 실외 미세 먼지 농도가 짙어지면서 시민들의 불안감이 높아지고 있다. 관련 부처 관계자는 규격에 맞는 마스크
를 착용하는 것이 실외 미세 먼지에 대처하는 가장 효과적인 방법이라고 강조했다.

정답 및 해설 8p

1 다음 글에서 이끌어 낼 수 있는 주장과 가장 가까운 것은?

> 내가 사람들의 토지 문서를 살펴 그 내력을 조사해보았다. 1백년 사이에 주인이 바뀐 것이 문득 대여섯 번은 되었다. 심한 경우 일고여덟 번에서 아홉 번까지도 있었다. 그 성질이 흘러 움직이고 잘 달아나는 것이 이와 같다. 남에게는 금방 바뀌고 내게는 어찌 홀로 오래 그대로 있기를 바라, 이를 믿어 아무리 두드려도 깨져 없어지지 않을 물건으로 여기겠는가? 창기나 음탕한 여자는 여러 번 남자를 바꾼다. 그런데 내게 있어서만은 어찌 홀로 오래 수절할 것을 바라겠는가? 토지를 믿는 것은 창기의 정절을 믿는 것과 다름이 없다. 부자는 밭두렁이 드넓게 이어지면 반드시 뜻에 차서 기운을 돋워 베개를 높이고 자손을 보며 말할 것이다. '만세의 터전을 내가 너희에게 준다.' 하지만 진시황 당시에 호해(胡亥)에게 전할 때도 이보다 훨씬 더했음은 알지 못한다. 이 일이 어찌 믿을 만한 것이겠는가?

① 토지를 대물림할 수 없도록 제도를 개혁해야 한다.
② 인류의 생존과 발전을 위해 토지를 보호해야 한다.
③ 땅을 영구히 소유할 수 있다고 믿는 사람은 어리석다.
④ 땅은 민본(民本) 사회를 이룩하는 데 핵심적인 요소이다.

2 다음 글을 바탕으로 ㉠을 이해할 때 가장 적절한 것은?

> 도로나 공원처럼 여러 사람이 공동으로 소비하는 것을 ㉠'공공재'라고 부른다. 공공재의 또 다른 예로는 국방 서비스나 경찰 서비스를 들 수 있다. 그런데 이 공공재에는 독특한 성격이 있어 시장에서는 그것을 취급하기 어렵다. 예컨대 국방 서비스를 생산, 공급하는 기업이 있다고 가정해 보자. 이 기업은 한 사람당 연간 5백만 원만 내면 철통 방위를 약속한다는 신문 광고도 냈다. 과연 국민들은 돈을 내고 이 서비스를 이용하려 할까? 국민들은 국방 서비스를 산 사람만 골라서 외적으로부터 지켜 줄 수 없다는 점을 알기에 굳이 자신이 그 비용을 지불하려 하지는 않을 것이다. 이처럼 개인이나 기업이 비용을 들여 공공재를 생산할 때 아무 비용을 지불하지 않은 사람도 비용을 지불한 사람과 함께 그 혜택을 누릴 수 있게 된다. 대부분의 공공재를 정부가 생산, 공급하는 것은 바로 이 때문이다.
> 이기적인 사람은 어떤 공공재가 필요하다고 생각하면서도 필요하지 않다고 말한다. 그렇게 함으로써 공공재 생산에 드는 비용 부담에서 벗어날 수 있기 때문이다. 그런 다음 다른 사람들이 비용을 들여 공공재를 생산하면 여기에 편승해 그 혜택을 누린다. 공공재가 가진 성격으로 인해 그렇게 해도 된다는 것을 알기 때문이다. 돈을 내지 않고 남의 차에 올라타는 사람처럼, 공공재에도 무임승차를 하는 사람이 발생할 가능성이 크다.

① 민영화로 전환되어 생산될 경우 이익을 창출하기 어렵다.
② 선별적으로 대상을 선택하여 제공할 수 있는 서비스이다.
③ 이기적인 사람은 불필요한 영역으로 간주하여 이용하지 않는다.
④ 국가 운영에 필요한 예산을 충당하기 위한 수단으로 주로 정부에서 공급한다.

3 <보기>가 들어갈 가장 적절한 위치는?

> **보기**
> 이러한 요인들이 복합적으로 작용하여 사람들 사이에 상·하의 층이 생겨난다.

> 인간 사회는 마을 같은 작은 단위이든 국가 같은 큰 단위이든 구성들의 상대적 위치는 동일하지 않다. 재산, 권력, 지위 등에 있어서 다르다. (㉠) 어떤 사람은 많이 가지고 있거나 지위가 높은 반면, 어떤 사람은 적게 가지고 있거나 지위도 낮다. (㉡) 어떤 사람은 인격과 학식으로 존경받는가 하면 어떤 사람은 천대 받는다. (㉢) 마치 도로를 내기 위해 산을 자르면 지층이 나타나듯이 인간 사회에도 층이 있는 것이다. (㉣) 이렇게 개인들이 지니고 있는 갖가지 사회적 요소에 의하여 이루어진 층을 사회계층(social stratification)이라 부른다.

① ㉠   ② ㉡
③ ㉢   ④ ㉣

1 다음 글에서 알 수 없는 것은?

민주주의를 의미하는 '데모크라시(Democracy)'는 다수를 의미하는 데모스와 지배를 의미하는 크라티 아를 합친 데모크라티아에서 유래한 말로, 국민이 주인이 되어 국민을 위한 정치를 행하는 것을 의미한다. 민주주의의 핵심은 인간의 존엄성을 지키고 자유와 평등을 실천하는 것이며, 이러한 민주주의의 핵심을 지 키기 위해서는 여러 가지 원리와 제도적 장치가 필요하다.

그중 가장 첫 번째로 지켜져야 할 것은 국가의 의사를 결정할 수 있는 권리인 주권이 국민에게 있다는 국 민 주권의 원리이다. 다만, 오늘날의 사회는 복잡하고 규모도 크기 때문에 모든 국민이 직접 정치에 참여하 기 어려우므로 대표자를 뽑아 간접적으로 정치에 참여하는 대의 민주 정치가 시행된다. 두 번째는 입헌주 의로, 이는 정치적 행동의 기준은 헌법이 되어야 한다는 것이다. 헌법은 국민의 권리를 보호하기 위한 최고 법이자 기본법으로 누구도 함부로 헌법의 원칙을 넘어서는 결정을 할 수 없다.

한편 하나의 국가기관에 권력이 집중된다면 국민의 자유와 권리가 침해될 가능성이 크다. 이를 방지하 기 위해 필요한 것이 바로 권력 분립의 원리이다. 우리나라를 비롯한 많은 나라에서는 국가 기관을 입법부, 사법부, 행정부로 나누어 서로 견제하고 균형을 이루도록 하고 있다. 또한, 지방 자치의 원리도 중앙에 집 중된 권한과 그로부터 파생되는 권력을 지방 자치 단체로 이전함으로써 권력 분립의 기능을 한다. 더불어 정치에 대한 지역 주민들의 관심과 참여를 높일 수 있으므로 지방 자치의 원리는 민주주의의 기초가 된다 고 할 수 있다.

① 민주주의의 어원
② 민주주의의 목적
③ 민주주의의 원리
④ 민주주의의 역사

2 다음 문장이 들어갈 곳으로 가장 적절한 것은?

> 터너와 모네는 물론 특히 마리네티와 같은 미래파 화가들은 기차 자체를 그림의 대상으로 만들었다.

> 19세기에는 기차가 새로운 시대의 첨병으로 인식되면서 기차역이 인상파 화가들의 상상력을 자극했다. (㉠) 산업혁명의 결실을 수확하며 물질적 풍요를 구가하기 시작하던 시대를 주도했던 것이 철도였다. (㉡) 그와 함께 기차역도 화가들의 관심을 끌었다. 인상파를 이끌었던 모네는 생라자르 역을 묘사한 연작을 만들었고, 마네도 같은 역의 광경을 그린 바 있다. (㉢) 특히 인상파 화가들의 작품을 많이 소장한 오세르 미술관이 기차역을 개조한 건물이라는 것도 우연은 아닐 것이다. (㉣)

① ㉠

② ㉡

③ ㉢

④ ㉣

3 (가)와 (나)를 통해 추정하기 어려운 내용은?

> (가) 인상주의 비평은 모든 분석적 비평에 대해 회의적인 시각을 가지고 있어 예술을 어떤 규칙이나 객관적 자료로 판단할 수 없다고 본다. "훌륭한 비평가는 대작들과 자기 자신의 영혼의 모험들을 관련시킨다." 라는 비평가 프랑스의 말처럼, 인상주의 비평은 비평가가 다른 저명한 비평가의 관점과 상관없이 자신의 생각과 느낌에 대하여 자율성과 창의성을 가지고 비평하는 것이다. 즉, 인상주의 비평가는 작가의 의도나 그 밖의 외적인 요인들을 고려할 필요 없이 비평가의 자유 의지로 무한대의 상상력을 가지고 작품을 해석하고 판단한다.
>
> (나) 전통적인 철학적 미학은 세계관, 인간관, 정치적 이념과 같은 심오한 정신적 내용의 미적 형상화를 예술의 소명으로 본다. 반면 현대의 체계 이론 미학은 내용적 구속성에서 벗어난 예술을 진정한 예술로 여긴다. 이는 예술이 미적 유희를 통제하는 모든 외적 연관에서 벗어나 하나의 자기 연관적 체계로 확립되어 온 과정을 관찰하고 분석함으로써 얻은 결론이다. 이 이론은 자율성을 참된 예술의 조건으로 보는 이들이 선호할 만하다.

① 인상주의 비평과 현대의 체계 이론 미학은 주체적인 해석을 강조한다.

② 인상주의 비평은 거장(巨匠)의 권위를 활용한 비평을 선호하지 않는다.

③ 인상주의 비평가는 작가의 창작 동기와 작품 내용의 연관성을 중시한다.

④ 전통적인 철학적 미학은 인간의 정신적 측면을 다룬 작품을 예술로 인정한다.

정답 및 해설 10p

1 다음 글의 제목으로 가장 적절한 것은?

최근 우리나라의 아보카도 수입 물량은 약 6,000t으로, 2010년에 비해 13배 이상 증가하였다. 이와 더불어 주스, 버거, 샌드위치, 비빔밥 등 아보카도를 활용한 음식들까지 큰 인기를 얻고 있다. 이러한 아보카도 열풍은 비단 우리나라에서만 일어나는 현상이 아니다. 기네스북이 생식하는 과실 중 가장 영양가 높은 과일이 아보카도라고 발표한 후 전 세계적으로 아보카도의 수요가 증가하고 있다. 근래에는 중국에서도 아보카도가 인기를 얻어 가격이 급등하였다. 이로 인해 주요 아보카도 산지인 멕시코에서는 역대 최고 산지 가격을 경신하였다.

하지만 일각에서는 아보카도 열풍에 대해 우려 섞인 시선을 보내기도 한다. 가장 큰 문젯거리는 물 부족이다. 아보카도 열매 하나를 키우기 위해서는 320L에 달하는 물이 소요되는데, 오렌지 한 개와 토마토 한 개를 키우는 데 필요한 물의 양이 각각 22L, 5L이고, 사람의 하루 권장 물 섭취량이 2L라는 점을 고려하면 엄청난 양임을 알 수 있다. 이 때문에 아보카도 생산 지역에서는 심각한 물 부족 사태가 이어지고 있으며, 일부 지역에서는 아보카도 농사로 우물이 말라서 주민들이 사용할 식수를 트럭으로 배달하기까지 한다. 게다가 아보카도를 재배하는 과정에서 이루어지는 대규모 산림 벌채, 살충제로 인한 토양오염 등 생태계 파괴도 심각한 수준에 이르렀다. 상황이 이렇다 보니 아무리 아보카도의 맛과 영양이 뛰어나다고는 하지만, 환경 보호를 염두에 두면 소비를 줄이거나 심각한 경우 불매를 해야 하는 것이 아니냐는 의견까지 나오고 있다.

① 아보카도 가격의 폭등 원인
② 아보카도가 바꾼 세계 음식 문화
③ 아보카도 생산과 물 소비량의 상관관계
④ 아보카도의 열풍이 생태계에 미치는 영향

2 다음 글에 대한 이해로 적절하지 않은 것은?

> 간접세는 세금을 부담한다는 의식이 비교적 미약하기 때문에 조세에 대한 저항이 약하고 납세하기 편리하며, 개인적인 간섭을 피할 수 있을 뿐만 아니라 국고 수입을 조달하는 데도 유리하다는 장점을 지닌다. 그러나 소득의 많고 적음을 구분하지 않고 똑같은 비율의 세금을 부과하기 때문에 세부담의 공평성을 해칠 수 있어 조세 구조가 역진적 한계를 지닌다.
>
> 역진(逆進)적인 조세란 누진적인 조세에 대한 상대 개념으로서, 같은 물건을 고소득자와 저소득자가 동시에 소비하는 경우 거기에 포함되어 있는 세금이 고소득자보다는 저소득자에게 더 부담이 되는 결과를 초래하므로 소득분배의 악화를 가져올 수 있다. 부가가치세, 특별소비세, 주세, 전화세, 인지세, 증권거래세 등의 간접세가 여기에 속한다.
>
> 우리나라는 1977년부터 부가가치세(Value Added Tax)를 시행하고 있는데, 이는 사업자가 영업활동을 하는 과정에서 부가된 가치에 대해 지불하는 세금이다. 부가가치세는 물건을 구입하는 사람, 곧 소비자가 부담하는 세금이므로, 물건을 구입할 때 지불하는 물건 값에는 이미 포함되어 있다. 따라서 사실상 소비자가 세금을 부담하는 것이며, 사업자는 소비자가 부담한 세금을 잠시 보관하였다가 국가에 내는 것에 지나지 않는다.

① 간접세는 세금 징수에 대한 반감을 줄여준다.
② 역진적인 조세는 소득 분배를 악화시킬 수 있다.
③ 간접세는 누구에게나 똑같은 세금을 부과하는 제도이다.
④ 부가가치세는 상품의 종류에 따라 다른 비율로 부과된다.

3 <보기>의 서술 방식으로 가장 옳은 것은?

> **보기**
>
> 마르크스는 종교를 인민의 아편으로 보고 니체는 노예적 인간들이 자기들의 정신적 고통을 복수하려는 수단으로 발명해낸 세계관이라고 말했다. 종교는 전자에 의하면 지배자의 발명이며 후자에 의하면 피지배자의 발명이 된다. 두 가지 의견이 비록 다르기는 하지만 그것들은 종교를 인간과 인간 사이에서 생기는 이해의·충돌에서 해석하려고 한다. 이와는 달리 프로이트는 인간이 죽음에 대한 인간의 힘으로 해결할 수 없는 공포에서 벗어나기 위해 발명해낸 것이라고 설명한다. 위의 세 가지 이론이 다 같이 종교적 교리를 진리로 보지 않고 하나의 '환상'으로 보고 있는 데는 일치하며 프로이트의 이론이 문자 그대로 옳다고는 할 수 없지만 종교가 사회적 문제에 대한 해답이 아니라, 사회적 문제를 초월한 죽음이란 궁극적 문제에 대한 해답이라고 볼 때, 프로이트의 이론이 진리에 가깝다고 믿는다.

① 추상적인 종교의 개념을 그림 그리듯 설명하여 논지를 전개하고 있다.
② 종교를 다루는 여러 이론들에 대한 구체적 사례를 보충하여 제시하고 있다.
③ 인간에게 미치는 종교의 영향력이 변화하는 단계에 초점을 맞추어 서술하고 있다.
④ 종교를 설명하는 여러 이론들의 공통점과 차이점을 설명한 후 하나의 이론을 채택하고 있다.

정답 및 해설 11p

1 다음 글을 읽은 후의 반응으로 가장 적절한 것은?

사진은 인간의 경험을 기록하는 특별한 능력이 있다. 사진은 사람들에게 자기 자신을 바라볼 수 있는 방법을 제공했으며 이로 인해 지각의 변화, 인식의 변화를 일으켰다. 무엇보다 사진의 출현은 세상에 대한 '보는 방식'의 변화를 이끌었다. 세상을 사실적으로 묘사하는 사진은 정교한 기록성으로 이전의 역사와 확연히 구별되는, 인류 발전과 진보에 기여한 시각 매체가 되었다. 그것을 가능하게 만든 것이 카메라의 광학 기술이다. 사진의 역사를 카메라의 역사라고 하는 것도 카메라의 발달사가 곧 사진 표현의 역사이기 때문이다.

카메라는 인류 최초로 프로그램이 내재된 도구이다. 카메라로 만들어낸 사진 또한 인류가 처음으로 프로그램을 적용시켜 탄생시킨 인공지능적 시각 영상이다. 사진의 등장으로 천문에서 지리, 탐험에서 관광, 사실 기록에서 순간 포착까지 인류사에 영향을 끼친 영역이 무한하다. 이는 인간의 사유 체계를 총체적으로 뒤바꾼 인식의 혁명이었다. 많은 분야에서 획기적인 진보와 변화가 일어났고, 카메라의 발달은 이 모든 과정을 이끌었다. 역사의 기록은 카메라의 발달사에 의존해왔다. 카메라의 광학 기술, 작동 및 활용 기술에 따라 역사의 풍경과 지형도 변모했다.

① 인류는 기록의 범위를 확대함으로써 진보할 수 있었군.

② 음성을 기록하는 녹음기의 발명도 인류 발전에 큰 공헌을 했겠군.

③ 인간의 사유 체계 혁신이 카메라 광학 기술의 발전을 불러일으켰군.

④ 카메라가 발명되기 전에는 인간의 경험을 기록할 수 있는 수단이 없었군.

2 <보기>의 내용을 이해한 것으로 가장 옳은 것은?

> **보기**
>
> 한국에서 발행되는 대다수 일간지의 지면 크기는 가로 39cm, 세로 54.5cm 크기로 규격화되어 있다. 지면은 대개 50여 면 안팎으로 묶여 하루치 신문으로 발행된다. 여기서 기본 광고면을 빼면 기사가 들어갈 부분은 가로 36cm, 세로 33cm가 된다. 그런 지면 50여 면을 매일매일 빠짐없이 채워나갈 과제는 신문사 편집국 기자들에게 맡겨진다.
>
> 따라서 기자 한 사람 한 사람이 작문하듯 제목을 정하고 그에 맞춰 기사를 써 내려가는 방식으로 신문을 매일 발행하기가 원천적으로 불가능하다. 50여 면에 이르는 지면을 누군가 총괄함으로써 각 지면을 주제별로 분류하고, 그 지면의 성격에 따라 기사를 빈칸 없이 배열해야 기술적으로 신문 발행이 가능하다.
>
> 바로 그 총괄하는 기자를 일러 편집국장이라 한다. 편집국장을 정점으로 기자들이 모여 있는 편집국은 조직상 여러 개의 부서로 나뉘어 있다. 이를테면 편집부·정치부·경제부·사회부·국제부·여론매체부·문화부·체육부 등이 그것이다.

① 신문사 편집국 기자들은 지면을 채울 기사와 광고를 제작한다.
② 편집은 하나의 사건이 신문에 실리기까지의 모든 과정을 말한다.
③ 편집국장은 지면의 성격에 따라 기사를 분류하고 배치하는 역할을 한다.
④ 신문의 기본 광고면이 차지하는 크기는 대략 가로 36cm, 세로 33cm 정도이다.

3 다음 글의 글쓰기 방식에 대한 설명으로 적절한 것은?

> 무료의 위력은 가공할 만하다. 무료는 소비자의 마음을 확 바꿔버릴 수 있다. 가격이 0원이라는 말은 "천 원에서 천 원을 할인해 준다"라는 수학적인 의미 이상의 힘을 갖는다. 그래서 "공짜라면 양잿물도 마신다"와 같은 속담도 생겨났다. 이는 물론 과장이 심한 표현이긴 하지만, 이 세상에 무료를 마다할 사람이 있을까? 사람들이 무료를 선호하는 현상은 동서고금을 가리지 않고 쉽게 찾아볼 수 있다.
>
> 전문가들은 무료라는 말을 들으면 사람들의 뇌에 신경전달물질인 도파민(dopamine)이 상당량 분비되어 행복한 감정이 발생하고 비합리적인 의사 결정을 내리게 된다고 본다. 이와 같이 사람들의 의사 결정에는 경제적 요인뿐만 아니라 심리적 요인도 함께 작용한다는 사실을 인지하고, 경제학에 심리학을 접목해서 연구하는 분야가 행동 경제학(behavioral economics)이다.

① 속담을 사용하여 현상의 보편성을 나타내고 있다.
② 상반된 사례를 제시하여 독자의 이해를 돕고 있다.
③ 전문가의 의견을 인용하여 기존의 통념을 반박하고 있다.
④ 비유법을 사용하여 현상의 양상을 다채롭게 표현하고 있다.

정답 및 해설 12p

1   <보기>를 읽은 후의 반응으로 가장 적절한 것은?

보기

　중세 서구 유럽 문명의 응집력에 토대를 제공한 것 중 교회에 필적할 만한 것은 없었다. 교회의 존재는 어느 마을에서나 감지할 수 있었을 뿐 아니라 실제로 아주 잘 조직되어 있었다. 교회는 위계가 뚜렷했고, 교회의 대표자들은 지역 관습에 대한 적응과 성인들과 예배의 절차들에 관해서까지 각자 서로 어떤 관계에 놓여 있는지 분명히 알고 있었으며, 유럽 대륙 전체를 망라하며 단 하나로 연결된 망을 형성하고 있었다. 이런 점에서 교회는 로마제국의 진정한 계승자였다.

　교황의 권위는 이전 몇 세기 동안은 종종 불안정해졌었지만, 1077년에 카노사에서 있었던 극적인 사건과 4년 뒤 예루살렘 함락으로 이어진 1095년 우르바누스 2세의 1차 십자군 원정에 힘입어 11세기 말에 이르면 도저히 의심할 수 없는 것이 되어 있었다. 카노사에서는 황제가 교황에 대한 복종을 몸소 입증하기 위해 눈 속에서 무릎을 꿇었고, 150년 후에도 여전히 군주들과 왕들은 서임권을 두고 벌어진 일련의 분쟁에서 로마의 승리를 인정해야 했다. 많은 사람들은 13세기 초에 인노켄티우스 3세가 서임권 분쟁에서 거둔 승리로 교황의 권위가 무적의 위력을 갖게 되었다고 생각한다. 교황들이 뒤이은 몇 세기 동안 세속의 통치자들과 힘을 겨루는 일에서 점점 더 어려움을 느끼게 되기는 했지만, 하나의 제도로서 교황권은 오랫동안 트론헤임에서 타오르미나까지, 리스본에서 뤼벡까지 유럽을 하나로 결속하는 막강한 힘으로 남아 있었다.

　지역적 수준에서는 동시대인들이 영적인 보호자이자 모범으로서 부적절했던 예들도 종종 거론되기는 하지만, 그래도 수천 명의 사제와 탁발 수도사와 수도사들이 교회의 통일성을 강화했다. 그들이 교회의 대표자 자격으로 어디에나 있었다는 바로 그 사실이 극심한 차이점들까지도 극복할 수 있게 한 통일성을 형성하는 데 도움이 되었던 것이다.

① 위계질서가 분명한 교회는 로마제국과 반대되는 특징을 지녔군.

② 카노사에서의 사건과 1차 십자군 원정으로 인해 교황의 권위가 실추되었군.

③ 지역 어디에든 교회의 대표자들이 배치되어 있음으로써 교회의 통일성이 강화되었군.

④ 세속의 통치자들과 힘을 겨루는 일에서 어려움을 느낀 교황은 자신의 권력을 강화하기 위해 교황권 제도를 도입하였군.

2 다음 글에 나타난 필자의 견해로 볼 수 없는 것은?

> 사람은 누구나 자기중심적인 생각을 가지고 있다. 그렇기 때문에 대화를 잘 하기 위해서는 자기중심적이 되려고 하는 욕구를 어떻게 잘 조절해서 상대방의 욕구를 충족시키는 방향으로 전환하느냐 하는 것이 가장 중요하다. 그래서 "남에게 대접을 받고자 하는 대로 남을 대접하라"는 성경 구절이 가장 중요한 대화의 원리가 된다. 내가 다른 사람에게 듣고 싶었던 말을 내가 먼저 해 주고, 다른 사람이 나에게 말했을 때 기분 나빴던 말은 내가 하지 않는 것이 좋은 대화가 된다는 말이다.
>
> 가장 말을 잘하는 사람은 듣는 사람의 입장을 가장 잘 생각해 주는 사람이고, 가장 말을 잘 듣는 사람은 말하는 사람의 입장을 가장 잘 생각해 주는 사람이다. 내가 아무리 어떤 말을 하고 싶어도 듣는 사람들이 원하지 않는다면 하지 않아야 하고, 그 반대로 상대방이 말할 때 아무리 지루하고 듣기 싫어도 상대방의 입장을 생각해서 잘 들어 주는 것이 대화의 기본이라는 말이다.

① 타인보다 자신을 먼저 생각하는 것은 누구나 가지고 있는 욕구이다.
② 상대를 배려하며 말하는 사람이야말로 훌륭한 화자라고 할 수 있다.
③ 상대방을 기분 좋게 만드는 말을 해서 상대방과의 갈등을 최소화해야 한다.
④ 원활한 대화를 위해서는 관심 밖의 이야기라도 경청하는 자세를 가져야 한다.

3 다음 글에 이어질 내용으로 가장 적절한 것은?

> 질병을 유발하는 병원체에는 세균, 진균, 바이러스 등이 있다. 생명체의 기본 구조에 속하는 세포막은 지질을 주성분으로 하는 이중층이다. 세균과 진균은 일반적으로 세포막 바깥 부분에 세포벽이 있고, 바이러스의 표면은 세포막 대신 캡시드라고 부르는 단백질로 이루어져 있다. 바이러스의 종류에 따라 캡시드 외부가 지질을 주성분으로 하는 피막으로 덮인 경우도 있다. 한편 진균과 일부 세균은 다른 병원체에 비해 건조, 열, 화학 물질에 저항성이 강한 포자를 만든다.
>
> 생활 환경에서 병원체의 수를 억제하고 전염병을 예방하기 위한 목적으로 사용하는 방역용 화학 물질을 '항(抗)미생물 화학제'라 한다. 항미생물 화학제는 다양한 병원체가 공통으로 갖는 구조를 구성하는 성분들에 화학 작용을 일으키므로 광범위한 살균 효과가 있다. 그러나 병원체의 구조와 성분은 병원체의 종류에 따라 완전히 같지는 않으므로, 동일한 항미생물 화학제라도 그 살균 효과는 다를 수 있다.

① 병원체의 수를 억제하는 항미생물 화학제의 원리가 제시될 것이다.
② 질병을 일으키는 병원체 사이의 공통점과 차이점이 기술될 것이다.
③ 병원체의 진화에 대응하기 위한 의학적 연구 방향에 대해 논의할 것이다.
④ 다양한 항미생물 화학제의 종류와 살균 효과를 구체적으로 설명할 것이다.

정답 및 해설 13p

1 다음 글의 내용을 잘못 이해한 것은?

　　온돌의 축조 방식 가운데 가장 대표적인 '곧은고래'의 축조 방법을 살펴보면, 먼저 부엌에 부뚜막을 설치하여 연소실의 역할을 하는 아궁이를 만들고, 부뚜막에는 솥을 걸어 취사와 난방을 겸하였다. 부엌과 고래가 통하게 되어 있어 아궁이에서 불을 지피면 부넘기에서 불길이 넘어가서 불의 열기가 고래를 통하여 사이폰(Siphon, 열기를 빨아들이는 원리) 작용에 의하여 윗목의 구들장까지 덥힐 수 있도록 설계하였다. 고래는 굴뚝에 닿기 전에 개자리를 만들어서 불길의 역풍을 막을 수 있도록 고안하였다.

　　이러한 온돌의 구조를 보면, 아궁이에서 고래로 들어가면서 급경사를 이루어 높아지다가 다시 약간 낮아지는 부넘기가 있는데, 부넘기는 불길을 잘 넘어가게 하고 불을 거꾸로 내뱉지 않도록 하며, 굴뚝개자리는 역류되는 연기를 바깥으로 내미는 역할을 한다.

　　아궁이에서 굴뚝 연도(煙道, 연기가 굴뚝으로 빠져 나가는 통로)까지 도랑 모양으로 만들어 그 위에 구들장을 덮어 연기가 흘러나가게 만든 곳을 방고래라 하며, 고래 옆에 쌓아 구들장을 받치는 것을 두둑이라 한다. 부넘기에서 굴뚝이 있는 개자리까지는 안쪽이 높게 약간 경사를 두어 아궁이 쪽이 낮아지게 하는데, 이 때문에 아궁이 쪽을 아랫목이라 하며, 굴뚝 쪽을 윗목이라 부른다.

　　이렇듯이 온돌은 불길과 연기가 나가는 고랑인 고래와 방고래 위에 놓은 넓고 얇은 돌인 구들장으로 이루어졌다. 고래 한쪽에 만든 아궁이에 불을 지펴서 구들장을 데우고, 구들장의 복사열과 전도열로 실내를 데우는 한국 고유의 난방 장치가 온돌인 것이다.

　　구들장은 아랫목은 낮고 윗목은 높게 설치하는 반면, 위에 바르는 흙은 아랫목은 두껍고 윗목은 얇게 발라 열 전도성을 좋게 하고, 열이 고르게 퍼지도록 만들었다. 구들은 방바닥 전부가 열의 복사면이 되므로 하루 2차례의 장작불만으로도 열기를 고래로 내류(고래에 머물며 열기가 도는 것)시켜 구들장을 가열하고 축열(畜熱, 구들장에 열을 가두는 것)시켜서, 불을 지피지 않는 시간에도 축열된 열을 방바닥에 퍼지게 하는 (방열(放熱)) 고체 축열식 난방 방법이다.

① 부넘기는 아궁이와 고래가 급경사로 높아지다가 낮아지는 형태로 연결된 부분이다.
② 온돌은 방고래 위에 놓인 구들장의 열로 방 안을 데우는 우리나라 고유의 난방 장치이다.
③ 아랫목은 낮게 설치해야 했으므로 그 위에 흙을 얇게 발라 방바닥에 열이 잘 퍼지도록 했다.
④ 사이폰 작용은 아궁이에 지핀 불길의 열기를 윗목으로 이동시켜 구들장을 따뜻하게 만든다.

2 다음 글의 주장으로 가장 적절한 것은?

> 먹을거리는 굉장히 많은 것들에 영향을 끼친다. 우선, 먹을거리는 환경과 관련된다. 먹을거리를 생산하고 수송하는 과정, 그리고 소비하는 행태는 우리가 사는 환경에 큰 영향을 미친다. 먹을거리의 생산, 수송, 소비를 어떻게 하느냐에 따라 환경에 부정적일 수도 있고 긍정적일 수도 있다. 먹을거리는 또한 문화와도 관련된다. 나라마다 각기 다른 음식과 음식 문화를 가지고 있는 것도 이 때문이다. 식사 방식과 식사 예절도 차이가 난다. 인도에서는 손으로 음식을 먹지만, 우리는 숟가락과 젓가락을 사용한다. 우리는 그릇을 들고 먹는 것이 문제가 되지만, 일본에서는 자연스러운 것으로 여겨진다. 또한 먹을거리는 사회와도 밀접한 관련을 갖는다. 음식은 사람들을 연결하는 매개체. 사람들이 모이는 행사 때 음식이 빠지지 않는 것도 이 때문이다. 음식은 사람들의 신분을 나타내는 증표가 되기도 한다. 어떤 음식을 먹느냐가 신분을 과시하는 도구가 되기도 하는 것이다. 개인이 무엇을 먹을지 택하는 것은 기호의 반영이라고만 볼 수도 있다. 하지만 어떤 먹을거리를 선택하느냐 하는 것은 농업은 물론 환경과 공동체에도 영향을 끼치기 때문에 그 자체로 정치적인 행위라고 보아야 한다. 좋은 먹을거리를 선택하는 것은 "좋은" 먹을거리를 생산하게 만들지만, 나쁜 먹을거리를 선택하는 것은 "나쁜" 먹을거리를 생산하게 만든다. 그러므로 어떤 것을 먹을지 선택하는 것은 투표 행위 못지않게 중요하다.

① 우리의 환경이나 문화, 사회는 먹을거리와 밀접한 관계를 맺는다.
② 먹을거리는 조리 방법에 따라 "좋은" 먹을거리와 "나쁜" 먹을거리로 나뉜다.
③ "좋은" 먹을거리를 이용한 맛있는 식사는 우리에게 쾌락과 즐거움을 선사한다.
④ 먹을거리는 개인의 기호에 따라 선택되므로 무엇을 먹을지 택하는 것은 정치적 행위로 볼 수 없다.

3 ㉠ ~ ㉣의 예를 추가할 때 가장 적절한 것은?

> 작문은 어떠한 역할을 하는가, 작문은 어떠한 점에 기여하는가를 뜻하는 작문의 기능은 작문의 가치나 중요성을 뒷받침하는 근거를 제공한다.
> 작문 기능을 분류할 때에는 작문의 요소인 '필자'를 중심으로 삼는 것이 일반적이다. 글을 쓰는 필자는 어떤 목적 실현을 위해 작문 활동을 수행하므로 필자를 중심으로 삼아야 작문의 기능을 좀 더 효과적으로 구별할 수 있기 때문이다. 우선, 필자는 ㉠자신의 생각과 느낌을 글로 표현하여 다른 사람과 의사소통을 시도한다는 점을 떠올릴 수 있고, 의사소통을 바탕으로 하여 어떤 ㉡사회·문화적 의미 형성에 참여할 수 있다는 점을 떠올릴 수 있다. 그리고 필자는 ㉢글로 표현할 내용을 머릿속으로 새롭게 구성하는 활동을 수행한다는 점, 필자는 글을 쓰면서 ㉣자신의 내면을 성찰하기도 하고 자신의 복합적인 감정을 드러내기도 한다는 점을 떠올릴 수 있다.

① ㉠ – 과거 정치 생활을 기록한 정치인의 일기
② ㉡ – 사회적 반향을 불러일으킨 경제 전문 기자의 칼럼
③ ㉢ – 해외로 파견된 주재원이 본사에 발송한 업무 요청 메일
④ ㉣ – 과제를 분석하여 개요를 짠 후 작성한 리포트

1 논리 전개에 따른 (가)~(라)의 순서가 가장 적절한 것은?

모든 곡식이 그렇기는 하지만 특히 옥수수야말로 사람의 손길이 가장 많이 필요한 작물이다. 곡식의 낱알은 번식을 위해 다 여문 씨앗이 저절로 떨어지는 게 보통이다. 낱알이 떨어지는 곡식은 인간이 곡식을 거두려면 노동의 효율성이 지극히 떨어지는 단점이 있다. 그래서 낱알이 잘 떨어지지 않는 종자만 골라 심어 지금과 같은 밀과 보리, 쌀처럼 다 익어도 이삭에 그대로 붙어 있는 곡식을 만들어 냈다.

(가) 하지만 옥수수에는 치명적인 결함 두 가지가 있었다. 옥수수의 첫 번째 결함은 단단한 껍질이었다. 지금도 옥수수 튀밥은 단단한 껍질이 달라붙어 있기에 목에 걸리는 경우가 생긴다. 요즘은 말린 옥수수를 제분기에서 거피하는 기술이 생겼지만, 과거에 주식으로 삼기에는 이 단단한 껍질이 여간 성가신 게 아닐 수 없었다.

(나) 그런데 이 옥수수는 더욱 특이하다. 알갱이가 다 익어도 떨어지기는커녕 몇 겹의 껍질이 씨앗을 보호한다. 사람의 손길이 없으면 자연 상태로는 절대로 번식하지 못할 정도가 된 것이다. 원시 옥수수의 경우에는 낱알이 몇 되지도 않았지만 다 익으면 저절로 씨앗이 멀리 튀었다고 한다. 아메리카 대륙의 주인공이었던 원주민들의 놀라운 육종 기술을 보여주는 한 단면이다.

(다) 하지만 옥수수를 주식으로 하던 중남미 사람들은 이런 영양 결핍을 겪지 않았다. 그들은 이런 옥수수의 부족함을 잘 알고 있었기에 '껍질 벗기기'와 같은 혁신적인 가공법으로 단점을 뛰어넘었다. '껍질 벗기기'란 옥수수 알갱이를 석회, 달팽이 껍데기, 숯 등과 함께 삶고 하루가 지나 성가신 껍질을 제거하는 방법이다. 이렇게 하면 성가신 껍질을 제거해 가공하기 쉬워질뿐더러 달팽이 껍데기에 있는 탄산 칼슘의 다양한 화학 작용으로 필수 아미노산의 부족도 채울 수 있었다.

(라) 또 옥수수에는 니코틴산을 만드는 트립토판 성분이 다른 곡물에 비해 적은 것도 또 하나의 치명적인 약점이었다. 옥수수를 주식으로 할 경우 펠라그라병과 같은, 필수 영양소의 부족으로 인한 질환에 시달리게 된다. 그래서 많은 지역에서는 옥수수가 가축 사료 이외의 용도를 넘어서기 어려웠고 주곡의 보조 수단으로만 사용되었다.

① (가) – (다) – (라) – (나)

② (나) – (가) – (라) – (다)

③ (나) – (라) – (가) – (다)

④ (다) – (가) – (라) – (나)

2 <보기>의 ㉠ ~ ㉢에 들어가기에 가장 옳은 것으로 짝지은 것은?

보기

　북학이라는 목적의식이 강했던 박제가가 인식한 청의 현실은 단순한 현실이 아니라 조선이 지향할 가치 기준이었다. 그가 쓴 『북학의』에 묘사된 청의 현실은 특정 관점에 따라 선택 및 추상화된 것이었으며, 그런 청의 현실은 그에게 중화가 손상 없이 보존된 것이자 조선의 발전 방향이기도 하였다. 중화 관념의 (㉠)을 인정하였기 때문에 당시 조선은 나름의 독자성을 유지하기보다 중화와 합치되는 방향으로 나아가야 한다는 생각이 그의 북학론의 밑바탕이 되었다. 명에 대한 의리를 중시하는 당시 주류의 견해에 대해 그는 의리 문제는 청이 천하를 차지한 지 백여 년이 지나며 자연스럽게 소멸된 것으로 여기고, 청 문물제도의 수용이 가져다주는 이익을 논하며 북학론의 (㉡)을 설파하였다. 대체로 이익 추구에 대해 부정적이었던 주자학자들과 달리, 이익 추구를 인간의 자연스러운 욕망으로 긍정하고 양반도 이익을 추구하자는 등 (㉢)인 입장을 보였다.

	㉠	㉡	㉢
①	절대성	부당성	보수적
②	상대성	당위성	실용적
③	절대성	당위성	실용적
④	상대성	부당성	보수적

3 다음 글에서 알 수 있는 내용이 아닌 것은?

　죽간은 무겁고 부피가 커서 사용과 보관이 꽤나 어려웠을 것이다. 죽간은 불에 쬐어 기름을 뺀 댓조각으로 폭은 몇 센티미터에 지나지 않고 길이는 20 내지 25센티미터였다. 그래서 글을 한 줄밖에 쓰지 못했고 끈으로 여러 조각들을 이어야 되었다. 서양의 점토판은 죽간보다 훨씬 무겁고 부피가 컸다. 따라서 그것들을 이용한 지식은 값이 무척 비쌀 수밖에 없었다.

　파피루스는 나일강에서 자라는 갈대의 속을 길게 잘라내서 겹으로 대고 눌러서 만들었다. 그것은 점토판이나 죽간과는 비교가 되지 않게 좋은 도구였지만, 만드는 데 기술이 필요했고 품이 많이 들어서, 값이 무척 비쌌다. 기원전 3세기에 소아시아에서 처음 쓰인 양피지는 파피루스보다 훨씬 좋았지만, 값은 더욱 비쌌다. 자연히, 지식은 흔히 외우기 좋은 형태로 정리되고 전승되었다. 고대 희랍과 로마에서 그리도 많은 지식들이 교훈시(didactic poetry)의 모습을 했고 시에서 운율이 그리도 엄격하게 지켜진 것은 바로 그렇게 필기도구가 비싸서 외우기가 중요했던 사정 때문이었다.

　그런 사정은 중국에서 종이가 발명되면서 많이 해소되었다. 그러나 제지 기술이 없었던 서양에선 여전히 파피루스와 양피지에 의존해야 했다. 그래서 고대 서양 문명의 지적 산물들은 거의 모두 양피지보다 값이 훨씬 쌌던 파피루스에 기록되었고 고대 희랍에 관해 우리가 지닌 지식의 적잖은 부분이 근세에 발견된 파피루스 조각들에서 얻어진 것이다.

① 파피루스와 양피지 제작 기술의 발전은 종이의 발명으로 이어졌다.
② 죽간과 점토판은 무게와 부피 때문에 사용하기 불편하고 보관이 어려웠다.
③ 중국에서 발명된 종이는 양피지의 비용적인 단점을 보완할 수 있는 필기도구였다.
④ 파피루스와 양피지가 죽간과 점토판보다는 지식을 기록하기에 편했지만 값이 비쌌다.

1 다음 글에 대한 이해로 적절하지 않은 것은?

저작자(著作者)란 곧 '저작물을 저작물을 창작한 사람', '사실상의 저작 행위를 함으로써 저작물을 창작해 낸 사람'을 가리킨다. 그러므로 숨겨져 있던 다른 사람의 저작물을 발견했거나 발굴해 낸 사람, 저작물의 작성을 의뢰한 사람, 저작에 관한 아이디어나 조언을 한 사람, 저작을 하는 동안 옆에서 도와주었거나 자료를 제공한 사람 등은 저작자가 될 수 없다. 그리고 저작물의 내용이나 수준은 문제가 되지 않으므로 직업적인 문인이나 학자, 또는 예술가가 아니라도 저작 행위만 있으면 누구든지 저작자가 될 수 있다. 따라서 법률상 무능력자로 취급되는 미성년자나 정신 이상자라 할지라도 저작 행위를 했다면 저작자가 된다. 또한 자연인으로서의 개인뿐만 아니라 단체 또는 법인도 저작자가 될 수 있다. 그리고 저작물에는 1차적 저작물뿐만 아니라 2차적 저작물과 편집 저작물도 포함되어 있으므로 2차적 저작물 또는 편집 저작물의 작성자 또한 저작자가 된다.

그런데 하나의 저작물에 대해 저작자와 저작 재산권자가 서로 다른 사람일 수 있다는 점에서 주의가 필요하다. 현행 저작권법의 규정에 따라 저작 인격권은 저작자 일신에 전속되므로 별 문제가 없지만, 저작 재산권은 저작자가 전체 또는 부분적인 권리를 제3자에게 양도할 수도 있으므로, 그럴 경우에는 일정 권리를 양도받은 사람이 저작 재산권자가 되기 때문이다. 나아가 저작 재산권은 "저작자의 생존하는 동안과 사망 후 50년간 존속한다"라는 규정에 따라 상속이 될 수 있다는 점에서 저작자와 저작 재산권자는 구별될 수밖에 없는 경우가 있다. 또, 저작물의 저작자는 1인에 한정되지 않으며 2인 이상의 사상이나 감정이 하나가 되어 구체화된 공동 저작물의 경우에는 공동으로 창작한 사람 모두가 저작자가 된다. 저작권법에서는 이런 저작자의 특성과 관련하여 '저작자 등의 추정'과 '업무상 저작물의 저작자'에 관한 규정을 별도로 두고 있다.

① 저작자와 저작 인격권자는 동일한 사람이다.
② 개인뿐만 아니라 회사도 저작자로 인정될 수 있다.
③ 저작 재산권은 저작자가 사망해야만 제3자에게 양도된다.
④ 인원의 제한 없이 저작 행위에 참여한 모든 사람은 저작자가 될 수 있다.

2 <보기>를 읽고 가문 소설에 대해 추론한 것으로 가장 적절하지 않은 것은?

> 보기
>
> 　가문 소설이 처음 지어졌을 것으로 추정되는 18세기 초에는 이미 다른 종류의 국문소설들이 상당수 존재하고 있었다. 따라서 왜 상층 사대부 여성들이 이들 소설에서 소일거리를 찾지 않고 굳이 새로운 소설인 가문 소설을 필요로 했을까하는 의문이 생길 수 있다. 우선, 상층 사대부 여성들이 기존의 일부 소설에서도 소일거리를 찾았다는 점을 지적할 필요가 있다. 《구운몽》, 《사씨남정기》, 《창선감의록》같은 작품이 그런 것에 해당한다. 이런 작품은 격조가 높고 사대부적 교양과 이상을 잘 갖추고 있다. 그러나 이런 몇몇 작품을 제외한 대부분의 국문소설은 별로 그렇지 못했던 게 아닌가 추측된다. 즉 그 내용이나 표현이 비리(鄙俚)하거나, 고상하지 못하거나, 평민적 사고방식이나 생활 감각이 투영되었거나 해서 상층 사대부 독자층의 취향에 잘 부합되지 않았던 게 아닌가 여겨진다. 뿐만 아니라 상층 사대부 여성독자들은 자신들의 생활 처지와 관심에 따라 기존의 소설과는 달리, 또는 기존의 소설보다 훨씬 더 상층 가문과 궁궐을 중심으로 벌어지는 남녀의 결연 및 그를 통한 가세(家勢)의 확장과 부귀의 성취, 그리고 그에 수반되는 제반 갈등과 음모를 취급하는 소설을 희구하지 않았던가 생각해 볼 수 있다.

① 가문 소설의 문체는 독자층의 취향에 따라 유려하고 정제되었을 것이다.
② 가문 소설이 나타나기 이전에는 왕실을 배경으로 한 소설이 흔치 않았을 것이다.
③ 가문 소설의 등장 이전에도 상층 사대부 여성들은 평소에 소설을 읽었을 것이다.
④ 가문 소설은 하층 문화의 자유로운 연애관이 상층 문화로 전이되어 출현한 것이다.

3 다음 글의 논지 전개 방식으로 적절한 것은?

> 　'산업 혁명'은 18세기 중엽부터 19세기 중엽에 이르는 약 100년 동안 영국을 중심으로 발생했던 기술적·조직적·경제적·사회적 변화를 지칭하는 용어이다. 기술적인 면에서는 도구가 기계로 본격적으로 대체되었고, 조직적인 면에서는 기존의 가내 수공업을 대신하여 공장 제도가 정착되었다. 경제적인 면에서는 국내 시장 및 해외 식민지를 바탕으로 광범위한 자본이 축적되었으며, 사회적인 면에서는 산업 자본가와 임금 노동자를 중심으로 한 계급 사회가 형성되었다. 산업 혁명을 통하여 인류 사회는 농업 사회에서 공업 사회로 급속히 재편되기 시작하였다.

① 비교와 대조를 통해 대상의 장단점을 설명하고 있다.
② 구체적인 사례를 제시하여 대상에 대해 자세히 설명하고 있다.
③ 대상을 영역별로 구분하여 각각의 특징에 대해 설명하고 있다.
④ 인과적 방법을 통해 대상이 나타나게 된 과정을 설명하고 있다.

정답 및 해설 17p

1 다음 글의 필자의 견해와 일치하는 것은?

'수오재(守吾齋)'라는 이름은 큰형님이 자신의 집에다 붙인 이름이다. 나는 처음에 그 이름을 듣고 의아하게 여기며, '나와 굳게 맺어져 있어 서로 떨어질 수 없는 가운데 나[吾]보다 더 절실한 것은 없으니 굳이 지키지 않더라도 어디로 가겠는가. 이상한 이름이다.' 하였다.

내가 장기로 귀양 온 뒤에 혼자 지내면서 잘 생각해 보았는데, 하루는 갑자기 이 의문점에 대한 해답을 얻게 되었다. 나는 벌떡 일어나 이렇게 스스로 말하였다.

"천하 만물 가운데 지킬 것은 하나도 없지만, 오직 나만은 지켜야 한다. 내 밭을 지고 달아날 자가 있는가. 밭은 지킬 필요가 없다. 내 집을 지고 달아날 자가 있는가. 집도 지킬 필요가 없다. 내 정원의 여러 가지 꽃나무와 과일 나무들을 뽑아갈 자가 있는가. 그 뿌리는 땅속에 깊이 박혔다. 내 책을 훔쳐 없앨 자가 있는가. 성현의 경전이 세상에 퍼져 물이나 불처럼 흔한데, 누가 능히 없앨 수가 있겠는가. <중 략> 그러니 천하 만물은 모두 지킬 필요가 없다.

그런데 오직 나라는 것만은 그 성품이 달아나기를 잘하여, 드나드는 데 일정한 법칙이 없다. 아주 친밀하게 붙어 있어서 서로 배반하지 못할 것 같다가도, 잠시 살피지 않으면 어디든지 못가는 곳이 없다. 이익으로 꾀면 떠나가고, 위험과 재화가 겁을 주어도 떠나간다. 마음을 울리는 아름다운 음악 소리만 들어도 떠나가며, 눈썹이 새까맣고 하얀 미인의 요염한 모습만 보아도 떠나간다. 한 번 가면 돌아올 줄을 몰라서, 붙잡아 만류할 수가 없다. 그러니, 천하에 나보다 더 잃어버리기 쉬운 것은 없다. 어찌 실과 끈으로 매고 빗장과 자물쇠로 잠가서 나를 굳게 지켜야 하지 않으리오."

① 자아는 균일한 규칙성을 가지므로 포착하기 쉽다.
② 성현의 경전은 희소한 것이므로 다음 세대에 전수하기 어렵다.
③ 밭이나 집과 같은 재산은 물리적인 특성으로 인해 지키기 쉽다.
④ 감동을 주는 음악을 듣는 것은 자아를 발견하는 방법 중 하나이다.

2 다음 글을 읽은 후의 반응으로 적절하지 <u>않은</u> 것은?

우리는 대중 매체를 통해 여러 종류의 동물들을 언제든 볼 수 있다. 그리고 웬만한 대도시에는 동물원이나 수족관이 하나 이상 있기 때문에 조금만 이동하면 다양한 동물들을 생생하게 접할 수 있다. 동물들의 모습은 언제나 인간의 호기심을 자극한다. 연암이 『열하일기』에서 코끼리를 처음 본 충격과 감흥을 기록하고 있듯이, 낯선 동물을 바라본다는 것은 진기한 경험이다. 그러한 시각적 욕망을 위해 만들어진 시설이 동물원이다.

그렇다면 동물의 입장에서 동물원은 무엇인가? 감금과 억압의 장소인 경우가 많다. 대부분의 동물원에서는 종(種)별로 지닌 고유한 생활권을 무시하고 인위적으로 통합하여 동물들을 배치해 놓고 있다. 그 결과 자연에서라면 서로 접하지 못하는 동물들끼리 가까이에서 지내야 하기도 하고 좁은 울타리 안에서 안정적으로 제공되는 식사에 길들여져 야성을 잃기도 한다.

이러한 상황은 동물들에게 불안, 자해, 비정상적인 행동, 비만, 성인병 등을 일으킨다. 열대 지역과 한대 지역 출신 동물들은 반대 계절을 맞을 때마다 고초를 겪는다. 더욱이 철창, 시멘트, 유리 등 그들을 둘러싸고 있는 물리적 환경 자체가 반생명적이다.

최근 앞서가는 동물원은 이러한 상황에 대해 문제의식을 가지고 근본적인 방향 전환을 꾀하고 있다. 단순히 동물들을 가두어 놓고 구경하는 곳이 아니라, 멸종 위기에 처한 동물들과 그 생태를 연구하고 보전하는 연구 및 교육의 장으로 탈바꿈하고 있다. 그러한 흐름에 맞춰 동물원 내의 공간 구조와 생활환경을 바꾸고 있는데, 이를 '환경 및 행동 풍부화'라고 한다.

① 동물원에서 사는 동물은 직접 먹이를 구하는 능력을 잃어버릴 수 있겠군.
② 사막이나 북극에서 살던 동물들은 우리나라 동물원에서 적응하기 어렵겠군.
③ 오늘날 동물원은 동물들에게 친숙한 환경을 제공하기 위해 생태계를 복원하고 있군.
④ 생활환경이 다른 동물을 한곳에 배치하는 동물원은 인간의 이기심으로 만들어진 곳이군.

3 다음 글의 주제로 가장 적절한 것은?

보수는 이미 존재하는 현실을 불가피한 자연적 질서로 간주하고 그것을 지키려 한다. 어떤 질서든 상관없다. 전제군주제, 개발독재, 천황제, 심지어는 공산당 일당독재조차도 보수가 지키려는 대상이 될 수 있다. 보수는 진보와 달리 경험주의적·실증주의적 사고방식을 가지고 있다. 철학과 견해의 차이는 별로 중요하지 않다. 이익이 일치하기만 하면 언제든지 단결한다. 보수의 경쟁력은 가장 강력한 권력을 중심으로 단일한 위계질서를 수립하는 줄서기 문화와 냉철한 이해타산 능력이다.

① 보수의 특성과 강점
② 보수와 진보의 대립
③ 보수의 철학적 근거
④ 보수의 정치적 우위

1 다음 글에 대한 이해로 가장 적절한 것은?

한자로 '창조(創造)'라는 표현은 언제부터 쓰인 것일까? 창조는 1867년 일본에서 간행된 『게이오재판영일대역사전(慶応再版英和対訳辞書)』에서 처음 나타난다. 'creativity'의 번역어였다. 이후, 일본의 식민지를 거치면서 한국도 창조라는 표현을 사용하기 시작한다.

1919년, 당시 일본 도쿄에 유학 중이던 김동인, 주요한 등이 만든 한국 최초의 문예동인지 이름도 《창조(創造)》다. 그러나 일제 식민지를 벗어나 60~70년대에 이르면, 한국의 학계는 미국이나 유럽의 학문을 직접 수입할 수 있는 인적·물적 토대를 확보하게 된다. 당시 한국 학계는 일본식 조어인 창조보다는 '창의(創意)'라는 표현을 더 선호하게 된다. 특히 미국식 심리학·교육학이 한국 교육계 일반에 확대되면서 창의라는 표현이 대세가 된다. 일본의 경우 창의는 'originality'에 대응하는 번역어다.

한국에서 창의라는 표현을 더 선호한 또 다른 이유는 창조라는 표현이 가지고 있는 종교적 의미 때문이다. 창조는 무에서 유를 만들어내는 신의 행위를 지칭하는 것이었다. 특히 기독교의 영향이 동양의 다른 어떤 나라보다 강했던 한국에서 창조를 일상어 혹은 학술어로 사용하는 것은 부담스러웠다.

한동안 종교적 어휘로만 쓰이던 창조는 90년대에 들어서면서 매스컴에 자주 등장하기 시작한다. '창조산업(creative industry)'이나 '창조경제(creative economy)'라는 단어가 문화콘텐츠산업 일반을 지칭하는 용어로 사용되기 시작하면서다. 21세기에 들어서면서 창조라는 표현은 일상적으로 사용된다. 그러나 심리학·교육학에서는 지금도 여전히 'creativity'의 번역어로 창조보다는 창의를 사용한다. 창의력, 창의성과 같은 단어가 이미 학술적 어휘로 깊이 자리 잡았기 때문이다.

① 오늘날 한국 학계에서 '창조'의 사용이 확대되었다.
② 일본에서 '창조'와 '창의'는 동일한 영어 어휘의 번역어이다.
③ 우리나라에서 '창의'는 창조와 달리 종교적 성격이 강한 단어이다.
④ '창조'와 '창의'는 외국의 영향을 받아 우리나라에서 사용되기 시작했다.

2 다음 글과 논증 방식이 가장 가까운 것은?

> 습지는 다양한 층위의 생물들이 살아가는 보금자리이므로 습지가 없어진다면, 이곳에 서식하는 생물들도 영원히 사라지게 될 것입니다. 그런데 간척 사업 등 무분별한 개발로 인해 우리나라의 습지가 빠르게 사라지고 있습니다. 우리가 지금처럼 습지를 보호하지 못한다면 우리나라의 습지에 사는 다양한 생물들은 완전히 멸종될 것입니다.

① 이규보는 <이옥설>에서 비가 샐 때 바로 고치지 않은 재목들은 썩게 되어 다시 사용할 수 없게 되는 것처럼 사람이 잘못을 알고도 바로 고치지 않으면 나쁜 사람이 된다고 말했다.

② 수전 앤서니(Susan Anthony)는 미합중국의 헌법이 모든 시민의 투표권을 보장하고 있으며 미국 여성 역시 미국의 시민이므로, 미국 여성은 투표에 참여할 권리가 있다고 주장하였다.

③ 배달업에 관한 직업 조사 결과 배달 기사들의 교통사고 빈도가 매우 잦다는 점, 업무 강도에 비해 임금이 턱없이 부족하다는 점, 사회적 편견으로 업무 만족도가 낮다는 점이 나타났다. 이를 통해 배달 기사들이 열악한 노동 환경에 처해있다는 결론을 도출할 수 있다.

④ 동도서기론은 정신적인 측면에서 유교적 가치관을 배경으로 한 동양 문명이 우수하다는 인식을 바탕으로 한다. 그러나 이 이론은 과학, 무기 등 물질적인 면에서 동양 문명이 서양 문명에 열세하므로 동양의 유교적 질서를 바탕으로 서양의 기술을 받아들여 자강을 이루겠다는 개화사상의 한 갈래이다.

DAY 17

해커스공무원 국어 비문학 독해 333 Vol. 2

3 <보기>에 이어질 내용으로 가장 적절한 것은?

> **보기**
>
> 고고학자들이 발굴을 통해 얻은 유물 자료에는 과거 인간의 삶에 관한 극히 단편적인 정보가 남아 있다. 고고학은 이 자료를 통해 과거 인간의 삶을 복원하고자 여러 분야의 이론을 활용한다.
>
> 예를 들어, 진화고고학에서는 인간의 삶은 자연환경에 더욱 잘 적응하기 위한 선택이라고 보는 진화론에 초점을 맞추어 과거를 설명한다. 진화론이 적용된 사례를 토기의 변화에 대한 연구를 통해 구체적으로 살펴보자. 이 연구에서는 서기 1세기부터 약 1천 년 동안 어느 한 지역에서 출토된 조리용 토기들의 두께와, 토기에 탄화된 채로 남아 있던 식재료에 사용된 곡물의 전분 함량을 조사했다. 그 결과 후대로 갈수록 토기 두께가 상당히 얇아지고 곡물의 전분 함량은 증가한다는 사실을 발견했다.

① 진화고고학은 조리용 토기의 두께가 점점 얇아지는 현상을 인류의 토기 제작 기술이 점점 발달하였기 때문이라고 설명한다.

② 진화고고학은 시간이 경과함에 따라 곡물의 전분 함량이 증가했다는 사실을 통해 인간 사회의 인구 부양력이 성장했음을 설명한다.

③ 진화고고학은 토기의 두께와 곡물의 전분 함량이 시간의 흐름에 따라 반비례한다는 사실을 통해 부족 간의 교류가 있었음을 설명한다.

④ 진화고고학은 토기 두께가 얇아진 이유를 전분 함유가 좀 더 많은 씨앗이 출현한 외부 환경의 변화에 인간이 적응하였기 때문이라고 설명한다.

정답 및 해설 19p

1 <보기>의 비판 대상으로 가장 옳지 않은 것은?

> **보기**
>
> 　사람들이 과학을 외면하고 있다. 과학이 어렵고 재미가 없기 때문이라고 한다. 심지어 과학을 모른다고 자랑을 해야만 진정한 지식인 대접을 받는다고 착각하는 사람들도 적지 않다. 한편으로는 "과학이 과학자의 전유물이 되어서는 안 된다"라고 외치면서 정작 본인들은 과학을 들여다볼 생각조차 하지 않는 것이 우리의 안타까운 모습이다. 과학은 과학자들이나 관심을 가지면 된다고 굳게 믿고 있는 것이다.
>
> 　청소년들의 사정은 더욱 심각하다. 고등학생의 70퍼센트가 처음부터 과학을 포기하고 있다. 물론 학생들의 잘못이 아니다. 과학의 중요성을 제대로 인식하지 못하는 사회의 책임도 크지만, 과학을 제대로 가르쳐 주지 못하는 학교의 잘못이 더 크다. 아무런 근거도 없이 학생들을 '문과'와 '이과'로 구분하고는, 태어날 때부터 과학을 싫어했던 문과 학생들에게는 애써 과학을 가르칠 필요가 없다고 굳게 믿는다. 과학자가 되겠다는 이과 학생들을 위해 마련한 과학의 앞부분만 적당히 가르치면 충분하다고 생각하는 것이다. 문과 학생들이 빠르게 늘어나는 것은 학교가 책임질 일이 아니라고 한다.
>
> 　과학을 '물리', '화학', '생명과학', '지구과학'으로 엄격하게 나누는 것도 문제다. 물리의 전문가인 물리 선생님은 화학 이야기를 하면 절대 안 된다고 믿는다. 그래서 학생들은 물리적 현상과 화학적 현상이 물리 선생님과 화학 선생님만큼이나 다른 것이라고 배운다. 학생들이 물리와 화학과 생명과학과 지구과학이 모두 똑같은 자연에 대한 이야기라는 사실을 깨닫는 것은 기적과도 같은 일이다.

① 과학의 가치를 인지하지 못하는 사회
② 과학을 일찌감치 포기해 버리는 학생들
③ 문과 학생들에게 과학의 일부만 가르치는 학교
④ 과학은 과학자들만의 영역이라 생각하는 사람들

2 다음 글을 바탕으로 ㉠을 이해할 때 가장 적절한 것은?

전통적 의미에서 영화적 재현과 만화적 재현의 큰 차이점 중 하나는 움직임의 유무일 것이다. 영화는 사진에 결여되었던 사물의 운동, 즉 시간을 재현한 예술 장르이다. 반면 만화는 공간이라는 차원만을 알고 있다. 정지된 그림이 의도된 순서에 따라 공간적으로 나열된 것이 만화이기 때문이다. 만일 만화에도 시간이 존재한다면 그것은 읽기의 과정에서 독자에 의해 사후에 생성된 것이다. 독자는 정지된 이미지에서 상상을 통해 움직임을 끌어낸다. 그리고 인물이나 물체의 주변에 그어져 속도감을 암시하는 효과선은 독자의 상상을 더욱 부추긴다.

만화는 물리적 시간의 부재를 공간의 유연함으로 극복한다. 영화 화면의 테두리인 프레임과 달리, 만화의 칸은 그 크기와 모양이 다양하다. 또한 만화에는 한 칸 내부에 그림뿐 아니라, 말풍선과 인물의 심리나 작중 상황을 드러내는 언어적·비언어적 정보를 모두 담을 수 있는 자유로움이 있다. 그리고 그것이 독자의 읽기 시간에 변화를 주게 된다. 하지만 영화에서는 이미지를 영사하는 속도가 일정하여 감상의 속도가 강제된다.

영화와 만화는 그 이미지의 성격에서도 대조적이다. 영화가 촬영된 이미지라면 만화는 수작업으로 만들어진 이미지이다. 빛이 렌즈를 통과하여 필름에 착상되는 사진적 원리에 따른 영화의 이미지 생산 과정은 기술적으로 자동화되어 있다. 그렇기에 영화 이미지 내에서 감독의 체취를 발견하기란 쉽지 않다. 그에 비해 만화는 수작업의 과정에서 자연스럽게 세계에 대한 작가의 개인적인 해석을 드러내게 된다. 이것은 그림의 스타일과 터치 등으로 나타난다. 그래서 만화 이미지는 ㉠'서명된 이미지'이다.

① 독자는 각자의 속도로 만화의 이미지를 감상한다.
② 만화의 이미지는 독자들의 상상력으로 재창조된다.
③ 다양한 칸은 만화에 존재하지 않는 시간 개념을 부여한다.
④ 만화에는 영화에 비해 만든 사람의 개성이 강하게 드러난다.

3 다음 글의 내용을 잘못 이해한 사람은?

> 데카르트와 스피노자, 라이프니츠가 발전시킨 대륙의 이성주의 철학은 중세적인 사고방식에 대한 엄청난 문제 제기였고, 그 결과 근대 철학의 문을 열었다. 다른 한편 로크에 의해 새롭게 주창되어 또 다른 철학의 흐름으로 자리 잡은 영국의 경험주의 역시 중세적인 사고방식에 의문을 던진 것이었다. 경험주의자들은 당연하게 여겨 온 것을 그대로 받아들이길 거부했으며, 모든 것을 실험과 관찰, 경험에 근거해서 인식하려 했다. 따라서 실험과 관찰, 경험에서 벗어난 신학적 개념들은 더는 중세에 누리던 절대적 권위를 유지할 수 없었다.
>
> 이 새로운 흐름이 만들어진 데는 두 가지 요인이 작용했다. 하나는 케플러, 갈릴레이, 뉴턴 등에 의해 본격적으로 확립된 자연 과학이었다. 그들은 발견을 통해 그때까지 당연히 옳다고 믿어 온 많은 관념을 깨부쉈으며, 관찰과 실험에 의한 과학이야말로 올바른 인식의 전제라고 생각했다.
>
> 다른 하나는 중세에서 이어진 '유명론'이라는 전통 철학이었다. 중세 철학의 가장 중요한 논쟁 가운데 실재론과 유명론의 논쟁이 있다. 실재론자는 '이데아'나 '동물'과 같은 보편 개념이 실재한다고 주장했다. 반면 유명론자는 보편 개념이란 개별자들에 공통된 속성이거나 여러 가지 개체를 하나로 묶어 붙인 이름일 따름이라고 주장했다. 이데아의 세계가 따로 있으며, 그것이 개개인 속에서 실현된다고 본 플라톤은 실재론자에 속한다. 반면 유명론자가 보기에 보편 개념이란 따로 존재하는 게 아니다. 따라서 그들에게는 개별 사물을 정확하게 아는 것이 올바른 인식에 꼭 필요하다.

① 태형: 자연 과학의 확립은 경험주의가 태동하는 원동력이 되었구나.

② 영호: 이성주의와 경험주의는 중세적 사고방식에 의문을 제기했구나.

③ 주현: 경험주의는 경험에 근거하지 않은 신학적 개념들을 인정하지 않았구나.

④ 주희: 유명론은 사물에 대한 올바른 인식을 통해 보편 개념이 실재함을 증명했구나.

정답 및 해설 20p

DAY 19

권장 시간: 3분　실제 시간:　　분　　초　**맞은 개수:**　/ 3문제

1 <보기>에 나타난 설명 방식으로 가장 옳지 않은 것은?

보기

　자녀들이 말을 듣지 않을 때 부모들은 이렇게 말한다. "내가 뭐 틀린 말 했니?", "다 너 잘되라고 하는 말이야!" 부모들이 자주 하는 말은 대개 아이들에게 필요한 말들이다. 그런데도 아이들은 그런 말을 듣기 싫어한다. 아이들은 왜 그런 말에 거부감을 느낄까?

　사람들은 옳은 말을 하는 사람보다 자신을 이해해 주는 사람을 더 좋아한다. 자기를 이해해 주는 사람이라면 그가 무슨 말을 하든 그 말을 받아들이려고 노력한다. 하지만 자기를 이해하지 못하는 사람이라면 아무리 옳은 말이라도 그의 말을 듣지 않으려 한다. 그것이 인지상정이다.

　훌륭한 교사, 존경받는 리더, 따르고 싶은 부모는 모두 공통점이 있다. 그들은 공감(Empathy) 능력이 뛰어나다. 'empathy'는 그리스어 'empatheia'에 어원을 두고 있다. 이 단어는 '안(in)'이라는 의미를 갖는 접두사 'em'과 느낌(feeling)이라는 의미의 'pathos'가 합쳐져 그 사람의 느낌 속으로 들어간다는 의미를 갖고 있다.

　인간관계의 갈등을 해결하려면 먼저 상대방의 입장에서 그가 왜 그렇게밖에 할 수 없었는지를 곰곰이 생각해보는 시간을 가져야 한다. 모든 행동에는 반드시 존재의 이유가 있다.

　일찍이 공자는 원만한 인간관계의 황금률로 상대방의 처지에서 생각해 보는 '역지사지(易地思之)'를 들었으며 모든 관계의 갈등은 역지사지의 부족에서 생긴다고 설파했다.

　차이를 인정하고 입장을 바꿔 생각할 줄 아는 사람은 다른 사람의 지지를 쉽게 끌어낸다. 상대방의 눈을 통해 세상을 바라볼 수 없다면 누구와도 원만한 관계를 형성할 수 없다.

① 단어의 어원을 밝혀 대상의 의미를 설명하고 있다.

② 학자의 견해를 인용하여 자신의 견해를 뒷받침하고 있다.

③ 자문자답을 통해 화제에 대한 독자의 흥미를 유발하고 있다.

④ 필자의 개인적 경험을 바탕으로 독자의 공감을 이끌어 내고 있다.

2 다음 글에 대한 이해로 적절하지 않은 것은?

우리말에는 '메이드 인 차이나'가 얼마나 될까? 이미 일상에서 너무나 익숙하게 사용하고 있어서 이제는 그것이 '메이드 인 차이나'인지조차 인식하지 못하는 말이 참 많다. 바로 예부터 사용해 오는 한자어가 그렇다. 우리말 어휘에서 한자어가 차지하는 비중은 70퍼센트 정도이다. 일상 대화에서 쓰이는 말 가운데 순수한 우리말은 30퍼센트가 채 안 되는 셈이다.

한자 문화권에 속하는 아시아의 대부분 국가가 비슷한 사정이다. 그런데 왜 일상에서 사용하는 기초적인 어휘까지 한자가 차지하고 있을까? 한자가 우리나라에 수입된 뒤로 문자를 통해 중국과 교류한 사람들은 주로 정치권의 위정자나 학문, 종교, 예술 등의 분야에 있던 전문가였다. 그렇다면 우리 어휘 체계에 침투한 한자어는 전문어나 학술어 같은 추상어에 그쳐야 마땅하다. 그런데 우리말에 뿌리박은 한자어를 살펴보면 가장 기초적인 어휘까지 한자어로 대체되었음을 알 수 있다. 구체적인 사물은 물론이거니와 아주 기본적인 서술하는 말, 꾸미는 말, 이어 주는 말까지도 우리말이 아닌 한자어가 그 역할을 대신하고 있는 현실과 마주하게 된다.

원로 국어학자 정재도 선생은 숱한 토박이말을 한자어로 둔갑시켜 사전에 올린 것은 일제가 저지른 만행이라고 주장한다. 예컨대 일제가 '잠깐'이라는 우리말을 한자어로 바꾸려고 '잠시간(暫時間)'이라는 헛것을 만들어 놓고, 잠시(暫時)나 잠간(暫間)이 그 준말이라고 하여 '잠깐'의 어원으로 삼았다는 것이다. 일제가 이런 식으로 수많은 한자어를 만들어 내고 '조선에는 원래 토종어가 거의 없으며 70퍼센트가 한자어에서 온 것'이라고 왜곡했다고 한다.

이유가 무엇이든, 우리말보다 한자어가 더 많이 실려 있는 국어사전은 오늘날 중국산 공산품이 곳곳에 스며든 현실과 다를 게 없다. 공산품에는 최소한 '메이드 인 차이나'라는 표시라도 있지만, 말에는 그런 표시도 없지 않은가? 최소한 우리말이 아니라는 것만이라도 알고 써야 하지 않을까?

① 일상 속에서 사용하는 기본적인 어휘들 중에 한자어가 많다.
② 한자어의 사용이 익숙해지면서 우리말과 한자어를 구분하지 못하기도 한다.
③ 우리가 사용하는 한자어 중에는 일제가 우리말을 없애기 위해 만든 것도 있다.
④ 오늘날 전문 분야에서의 한자어 사용은 불가피하므로 우리말로 대체해서 사용할 수 없다.

3 다음 글에서 추론한 바로 적절하지 않은 것은?

한 떨기 흰 장미가 우리 앞에 있다고 하자. 하나의 동일한 대상이지만 그것을 받아들이는 방식은 다양하다. 그것은 이윤을 창출하는 상품으로 보일 수도 있고, 식물학적 연구 대상으로 보일 수도 있다. 또한 어떤 경우에는 나치에 항거하다 죽어 간, 저항 조직 '백장미'의 젊은이들을 떠올리게 할 수도 있다. 그런데 이런 경우들과 달리 우리는 종종 그저 그 꽃잎의 모양과 순백의 색깔이 아름답다는 이유만으로 충분히 만족을 느끼기도 한다.

가끔씩 우리는 이렇게 평소와는 매우 다른 특별한 순간들을 맛본다. 평소에 중요하게 여겨지던 것들이 이때에는 철저히 관심 밖으로 밀려나고, 오직 대상의 내재적인 미적 형식만이 관심의 대상이 된다. 이러한 마음의 작동 방식을 가리키는 개념어가 '미적 무관심성'이다. 칸트가 이 개념의 대표적인 대변자인데, 그에 따르면 미적 무관심성이란 대상의 아름다움을 판정할 때 요구되는 순수하게 심미적인 심리 상태를 뜻한다. <중 략>

미적 무관심성은 예술의 고유한 가치를 옹호하는 데 큰 역할을 하는 개념이다. 그러나 우리는 그것이 극단적으로 추구될 경우에 가해질 수 있는 비판을 또한 존중하지 않을 수 없다. 왜냐하면 독립 선언이 곧 고립 선언은 아니기 때문이다. 예술의 고유한 가치는 진리나 선과 같은 가치 영역들과 유기적인 조화를 이룰 때 더욱 고양된다. 요컨대 예술은 다른 목적에 종속되는 한갓된 수단이 되어서도 안 되겠지만, 그것의 지적·실천적 역할이 완전히 도외시되어서도 안 된다.

① 미적 무관심성은 일상에서 흔히 작동되지 않는다.

② 미적 무관심성에 이를 때 삶의 진리를 발견할 수 있다.

③ 미적 무관심성은 편협한 사고방식으로 이어질 수 있다.

④ 미적 무관심성은 대상의 외재적 요소를 배제하여 가치를 판단한다.

1 다음 글의 필자가 궁극적으로 강조하는 내용으로 가장 적절한 것은?

> 　건축은 조형 환경을 통해 사람에게 큰 영향을 끼친다. 건물은 물리적 스케일이 큰 매체이기 때문에 가장 많은 수의 불특정 다수에게 늘 노출되어 있다. 뿐만 아니라 한 번 지어 놓으면 몇십 년에서 몇백 년은 간다. 환경심리학이라는 학문에서도 밝힌 바와 같이 사람이 환경의 물리적 상태로부터 큰 영향을 받는다는 것은 너무나 당연한 상식이다. 예민한 사람은 이미 개인적 차원에서 건축 환경에서 여러 종류의 영향을 받는다. 이것을 집단화하면 사회 전체의 기풍과 정신 수준으로 확장시킬 수 있다. 또한 경제도 좌지우지한다. 사람들이 건축에서 기대하는 것이 돈밖에 없게 될 때 그 사회는 비참한 타락의 길로 접어든다.

① 건축은 인간 사회 다방면에 큰 파급력을 미친다.
② 건축을 통해 사회의 분위기를 긍정적으로 조성해 나가야 한다.
③ 건물의 외벽은 항상 노출되어 있으므로 지속적인 관리가 필요하다.
④ 건축은 돈을 버는 수단이 아니라 가치관을 실현하는 매개체가 되어야 한다.

2 <보기>에 대한 설명으로 가장 옳은 것은?

> 보기
>
> 　고려나 조선의 외국어교육에서 특징적인 것은 전문 통역관을 양성하기 위한 교육은 있었지만 일반인들을 위한 외국어교육은 없었다는 사실이다. 외국에 나가는 사신 일행은 통역관을 두어 그들에게 통역을 맡겼다. 역관이라고 부르는 전문 통역사들은 중인 계급, 혹은 그 이하의 미천한 출신들이었고, 대접도 잘 받지 못했다. 교역이 늘어나면서 상인들 중에서도 외국어를 배운 사람들이 생겼지만 정식 교육과정은 없었고 직접 부딪치면서, 혹은 독학으로 배웠다.
>
> 　역관들이 배우는 외국어로는 중국어, 몽고어, 여진어, 일본어가 있었다. 고려 초에는 사대(史臺)라는 기관이 있어서 외국어의 통역과 번역을 관장하고 외국어교육도 담당했다. 1276년에는 통문관(通文館)이라는 기관이 생겨 7품 이하의 관리들에게 중국어와 몽고어, 여진어 등을 가르쳤다. 천한 출신의 통역인들이 개인의 이익에 따라 내용을 와전시키거나 오역, 졸역 등을 하는 것을 막기 위해 관리들에게 외국어교육을 했던 것이다.
>
> 　고려말에 사역원(司譯院)이 생겼다. 통문관의 후신으로, 조선시대에도 계속 이 이름으로 유지되어 통역사 양성과 외국어교육을 맡았다. 조선시대의 편제를 보면 중국어 교수 4명, 훈도 4명, 그리고 몽고어, 일본어, 여진어 교육을 위해 훈도를 각 2명씩 두었다. 훈도는 교수보다 품계가 낮은 관원으로, 요즘으로 치면 전임강사쯤 된다.
>
> 　사역원의 학생 수는 75명이 정원이었다. 이 가운데 중국어가 가장 많은 35명, 그 밖에 몽고어 10명, 여진어 20명, 일본어 10명이었다. 학생 정원은 외교 관계의 중요성에 비례했다. 또 변방의 고을에서도 역관을 양성하도록 했는데 평양, 의주, 황주에서는 30여 명씩의 중국어 역관을 양성했고, 여진어는 북청(10명)과 의주, 창성, 만포, 이산, 벽동, 주원 등에서 각 5명씩 교육시켰다.

① 사역원에는 각각의 외국어마다 담당 교수가 배정되어 있었다.
② 조선은 여진을 몽고와 일본보다 중요한 외교 대상으로 여겼다.
③ 고려의 관리들은 통역과 번역 업무를 천하게 여겨 기피하였다.
④ 고려에서 조선으로 왕조가 교체되면서 평민도 외국어교육 대상이 되었다.

3 밑줄 친 어휘들 가운데 문맥적 의미가 다른 하나는?

> 　"먹는 것이 먼저요, 윤리는 나중"이라는 가사가 카를 마르크스의 경제적 결정론을 단적으로 표현했다는 이유는 다음과 같다. 마르크스는 인간의 경험을 토대와 상부구조로 나눈다. 그중 물질적 경험인 토대(또는 하부구조)의 변화가 중요한 요인이며 정치, 사상, 도덕, 문화 등의 상부구조는 토대의 변화에 따라 바뀐다. 계급은 이러한 물질적 경험의 차이에 따라 구분된다. 즉, 자본이나 토지와 같은 생산 수단을 소유하고 있는가 아닌가에 따라 사람들의 계급이 결정된다는 것이다. 지주와 자본가는 유산계급의 의식을 갖게 되고 노동자와 소작인은 무산계급의 의식을 갖게 된다는 것이다. 이것을 가리켜 "실존이 의식을 결정한다"고 표현하기도 한다. 결국 모든 것의 밑바탕에는 경제가 있기에 마르크스의 이론을 경제적 결정론이라고 말하는 것이다.

① 먹는 것　　　　　　　　　② 토대
③ 생산 수단　　　　　　　　④ 의식

1 다음 글의 시사점으로 적절하지 않은 것은?

우리는 인터넷, 신문, 잡지 등의 다양한 매체를 이용하면서 수많은 광고에 노출된다. 이러한 광고는 다양한 매체에서 여러 유형으로 나타나는데, 이는 매체 발달에 따라 매체별 광고 기법도 다양해졌기 때문이다. 하지만 매체 이용자들은 이러한 광고를 불필요한 정보로 판단해 회피하는 경향이 있다. 이에 대응하여 매체 이용자들이 거부감 없이 광고를 수용하도록 하는 새로운 광고 기법이 등장하고 있다.

인터넷에서 이용자들의 눈길을 끄는 광고 기법으로 검색 광고를 들 수 있다. 검색 광고는 검색창에 검색어를 입력하면 검색 결과와 함께 검색어와 관련된 다양한 광고가 노출되도록 하는 광고이다. 검색 광고는 불특정 다수에게 노출되는 기존 인터넷 광고와 달리 특정 대상에게만 노출되지만, 검색 결과와 비슷한 형태로 제시되므로 이용자들에게 마치 유용한 정보인 것 같은 착각을 일으킨다.

신문이나 잡지 등에서 새롭게 사용되는 광고 기법으로 기사형 광고를 들 수 있다. 형식이나 내용이 기사와 확연히 구분되었던 기존 광고와 달리 기사형 광고는 기사처럼 보이는 광고를 말한다. 기사형 광고는 기사처럼 보이기 위해 제목에서 특정 제품명을 드러내지 않으며, 전문가 인터뷰나 연구 자료 인용을 통해 유용한 정보를 제공하는 것처럼 꾸며 독자의 관심을 끈다. 그러면서 가격, 출시일 등의 제품 정보를 삽입하여 독자의 소비 심리를 자극한다. 하지만 이러한 점 때문에 독자들이 기사형 광고를 기사로 오인할 수 있으므로 '특집', '기획' 등의 표지를 사용하는 것이 제한되어 있다.

① 검색 광고는 검색 결과와 광고들이 함께 노출된다는 점에서 매체 이용자들이 광고를 회피할 수 있는 확률이 낮으므로 검색 결과와 광고가 제시되는 구역을 분리시키는 것이 바람직하다.

② 매체 이용자들이 광고를 회피하지 못하도록 하는 새로운 광고 기법이 앞으로도 이어질 가능성이 높으므로 매체 이용자들은 정보와 광고를 구분하는 비판적 안목을 기르는 것이 바람직하다.

③ 기사형 광고는 형식과 내용을 기사와 유사하게 만들어 매체 이용자들이 광고임을 인식할 수 없게 하므로 광고 내에 제품 정보를 기입하여 기사와 다르게 보이도록 유도하는 것이 바람직하다.

④ 새로운 광고 기법들은 광고가 매체 이용자들에게 유용한 정보인 것처럼 착각하게 할 수 있으므로 이로 인한 피해를 막기 위해 광고임을 명확히 표시하게 하는 제도를 보완하는 것이 바람직하다.

2 다음 글에 대한 설명으로 적절한 것은?

> 기업은 일자리와 소득의 양과 질을 개선하고, 좋은 기업 시민으로서 행동해야 한다. 다시 말해 세금을 내고, 규제를 준수하며, 독점하지 않고, 정치권에 로비하지 않아야 한다.
>
> 기업이 기본 역할을 제대로 하는 것은 매우 중요한 핵심이다. 그동안 기업이 제 길을 가도록 압박하는 일은 언제나 시민사회와 정부의 몫이었다. 정부와 시민사회가 영향력을 효과적으로 수행하려면, 강하고 독립적이어야 한다. 그래야만 기업이 사회적 책임을 다하도록, 수익이 아닌 다른 가치와 우선순위를 고려하여 행동하도록 지속적으로 압박할 수 있다. 정부와 시민사회가 강하고 독립적이지 못하면, 매트 타이비(Matt Taibbi)가 말했듯이 "조직된 탐욕은 언제나 조직되지 않은 민주주의를 압도한다."
>
> 새로운 사회 발전은 기업이 변해야 가능하다. 실제로, 진정한 사회변혁은 기업의 행동 양식이 더욱 시민사회에 가까워질 때에만 가능하다. 시민사회를 기업처럼 행동하게 해서는 안 된다.
>
> 문제는 기업과 시장이 자신들의 한계에서 벗어난 임무를 떠맡으려고 할 때 일어난다. 기업은 공동체의 단합을 재건하거나, 사람들이 서로 돌봐주는 방식을 강화하거나, 경제 구조 자체에 근본적인 변화를 추동하는 일에 적합한 조직이 아니다.

① 정부는 더 많은 일자리 창출을 위해 노력해야 한다.
② 기업은 공동체의 협력과 경제 구조의 개혁을 위해 힘써야 한다.
③ 정부와 시민사회는 기업들이 사회적 책임을 다할 수 있도록 영향력을 행사해야 한다.
④ 사회를 혁신적으로 바꾸기 위해서는 시민사회의 행동 양식이 기업에 가까워져야 한다.

3 다음 글의 ㉠ ~ ㉢에 들어갈 말로 가장 적절한 것은?

> 일본어와 중국어에서 기원한 외래어의 표기법은 한·중·일이 공유하는 한자 문화를 국어 정책에 어떻게 수용할 것인가와 관련하여 논란이 된다. (㉠) 한자 문화권이라는 한·중·일의 특수성을 특별히 고려할 필요가 없다는 입장에서는 '원음을 존중한다는 원칙을 일본어와 중국어를 포함한 모든 외래어에 동일하게 적용하는 것'이 당연하겠지만, 한자 문화권이라는 한·중·일의 특수성을 특별히 고려해야 한다는 입장에서는 이러한 조치가 원음 표기 원칙의 획일적인 적용으로 보일 것이다. (㉡) 이러한 논란은 외래어 표기법을 만들 때부터 시작된 것으로 보인다. 그런 점에서 한자와 한자 문화권은 우리에게 어떤 의미인지 묻고 판단하는 과정은 우리말의 범위를, (㉢) 우리말의 정체성을 다시금 확인하는 일이다.

	㉠	㉡	㉢
①	한편	그리고	또한
②	즉	그런데	그리고
③	또한	요컨대	그래서
④	가령	그럼에도	그렇지만

정답 및 해설 23p

1 다음 글의 글쓰기 전략으로 볼 수 없는 것은?

> 학력차가 가져오는 경제적 이익을, 수입과 비용을 모두 따져서 비교할 수 있는 방법에 교육 수익률(rate of return to education) 또는 교육 투자 수익률 산출이 있다. 수익률은 투자한 금액에 대한 이익금의 비율이다. 그러므로 교육 수익률은 교육을 위하여 투자한 비용에 대하여 교육 때문에 얻은 이익의 비율이다. 예컨대 대학 교육의 수익률을 알기 위해서는 대학 교육 때문에 얻은 이익을 먼저 계산한다. 간단히 말하면 대졸자의 평균 소득에서 고졸자의 평균 소득을 제외한 부분이다. 이것이 대학을 졸업하였기 때문에 얻는 이익이다. 비용은 대학에 다니기 위하여 들인 등록금, 학습 재료 구입비 등을 합한 것이다. 여기에 기회비용(opportunity cost)으로 대학에 다니기 때문에 포기한 소득을 가산한다. 즉, 대학에 다니지 않았더라면 취업하여 벌 수도 있는 소득을 대학에 다니느라고 포기하였기 때문에 이것도 역시 비용에 포함시켜야 한다. 그러므로 비용은 등록금 등의 직접 비용과 대학에 다니기 때문에 포기한 소득의 기회비용을 합한 것이다.

① 용어를 정의하여 교육 수익률의 개념을 밝히고 있다.

② 구체적인 예시를 들어 교육 수익률을 이해하는 데 도움을 주고 있다.

③ 수치를 대입하여 대학 교육 수익률 계산 과정을 쉽게 설명하고 있다.

④ 앞의 내용을 종합하여 비용에 포함되는 요소를 요약적으로 전달하고 있다.

2 다음 글의 내용을 잘못 이해한 것은?

> 알칼리가 본래의 뜻을 벗어나서 마구 남용되고 있다. 우선 '알칼리 이온 음료'라는 말은 '단맛이 나는 소금물'을 가리키는 말로 쓰이고 있다. 여기서 말하는 '알칼리 이온'은 소금에서 나온 '알칼리 양이온', 즉 나트륨 양이온을 의미한다. 나트륨 양이온은 세포의 정상적인 기능에 꼭 필요한 것으로 조금만 부족해도 심한 갈증을 유발한다. 땀을 많이 흘린 후에 물을 아무리 마셔도 갈증이 가시지 않는 것은 땀과 함께 나트륨 양이온이 너무 많이 배출됐기 때문이다. 알칼리 이온 음료는 소금물에 당분을 넣어서 소금의 불쾌한 짠맛이 느껴지지 않도록 만들어서 부족한 나트륨 양이온을 쉽게 보충해 준다.
>
> 대부분의 광고에 등장하는 '알칼리'는 사실 '염기성'이라는 의미로 물속의 수소 이온 농도를 나타내는 pH가 7보다 크다는 뜻이다. 사람의 체질을 '산성'과 '알칼리성'으로 나누는 것은 전혀 근거가 없다. 수혈을 할 때는 혈액형을 꼼꼼하게 확인하지만, 링거액은 누구에게나 똑같은 것을 사용하는 것만 봐도 알 수 있다. 사람 혈액의 pH는 인종, 성별, 나이에 상관없이 중성에 가까운 7.4로 일정하기 때문이다. 우리 혈액의 pH가 0.2 정도만 바뀌어도 생명이 위험할 정도로 심각한 문제가 생긴다.

① 나트륨 양이온은 체내에서 배출될 수 있는 성분이다.
② 인종, 성별, 나이에 관계없이 링거액이 동일하게 사용된다.
③ 사람의 체질 자체는 산성 또는 알칼리성으로 구분할 수 없다.
④ 알칼리 이온 음료는 혈액의 pH 농도를 조절하여 갈증을 해소시킨다.

3 다음 글에서 추론한 내용으로 가장 적절한 것은?

> 한자는 훈민정음이 만들어지기 전부터 우리가 사용한 문자였다. 자형(國), 뜻(나라), 소리(국)로 구성된 한자는 중국에서 우리나라로 전래되어 사용된 것이다. 이 중에서 자형과 뜻은 세월이 흘러도 큰 변화가 없지만, 소리는 변할 수밖에 없다. 게다가 중국과 조선의 음운 체계가 다르니 오랜 세월이 흐른 후 그 소리의 차이는 그만큼 클 수밖에 없었을 것이다. 그러니 당시 조선으로서는 중국의 표준음을 표시한 운서뿐만이 아니라 우리나라 한자음의 표준을 제시할 수 있는 운서도 필요하게 된 것이다. ≪동국정운≫에서 '동국(東國)'은 우리나라를 일컬으며, '정운(正韻)'은 한자의 바른 음이라는 뜻이니, 이 책은 혼란스럽던 우리나라의 한자음을 바로잡아 통일된 표준음을 정하려는 목적으로 만들어졌음을 알 수 있다.
>
> 그런데 이 대목에서 약간의 의구심이 들 수 있다. 조선 한자음이 중국 한자음과 차이가 난다면, 중국 한자음에 맞게 조선 한자음을 바로 고치면 될 것 아닌가? 그러나 당시에는 외국어로서의 중국어와 조선 한자음을 분명히 구분해 인식하고 있었던 것 같다. ≪동국정운≫을 만든 사람들은 조선 한자음을 규범적으로 만들 때 단순히 중국 한자음만을 좇지 않았던 것이다.

① ≪동국정운≫을 집필한 학자들은 중국 한자음을 표준음으로 인식하였다.
② 조선 사람들은 ≪동국정운≫을 통해 서로 비슷하게 한자음을 발음할 수 있었다.
③ 조선과 중국의 음운 체계는 훈민정음이 창제된 시기보다 한자가 전래된 초기에 더 유사했다.
④ ≪동국정운≫이 제작되기 이전에는 조선 사람들과 중국 사람들이 한자로 필담을 나누기 어려웠다.

1 다음 글의 내용을 바르게 이해한 사람은?

> 18세기 영조(英祖, 1724~1776)·정조(正祖, 1776~1800) 시절의 진경산수화는 이전 시기에 이어 산수화의 개념과 형식을 중국 산수화와 공유하는 데서 출발한다. 그러면서 도원을 꿈꾸던 개국 문인 관료들의 후예가 그 아름다움을 조선 땅에서 찾았다는 점, 그리고 조선의 아름다운 풍경에 걸맞은 회화 양식을 창출했다는 점이 분명 새로운 업적이다. 진경산수화의 이러한 예술적 성과는 겸재에게 집중된다. 겸재로 인해 비로소 조선의 아름다운 강산을 그리는 것이 촉발되고 시대사조로 자리 잡았기 때문이다.
>
> 겸재는 생활 터전이었던 인왕산, 백악, 남산, 장동 등 도성의 경치, 지방관으로 근무하며 만났던 영남 지방과 한강 풍광, 그리고 기행 탐승했던 조선의 절경 금강산 등을 예술 대상으로 삼았다. 후배 화가들도 겸재를 공감하고 이들을 즐겨 선택하면서 이러한 장소들은 우리 진경산수화에 등장하는 주요 명소가 되기도 했다.
>
> 또한 겸재는 조선의 절경 명승에 걸맞은 독창적인 형식을 창출했다. 먼저 꼽을 수 있는 것은 실경 대상을 중앙에 부각시키거나 전경(全景)을 부감하여 재구성하는 구도다.
>
> 붓을 곧추세워 죽죽 내리긋는 '난시준(亂柴皴)' 혹은 '열마준(裂麻皴)'으로 일컫는 수직준법(垂直皴法), 부벽준의 변형으로 농묵 붓자욱을 중첩한 적묵법(積墨法), 붓 끝을 반복해서 찍는 미점준(米點皴), 연한 담묵이 부드러운 피마준(披麻皴)과 태점(苔點), 붓을 옆으로 뉘어 '丁' 모양으로 측필(側筆)을 반복한 솔밭 표현, 그리고 한 손에 붓을 두 자루 쥐고 그리는 양필법(兩筆法) 등이 겸재의 개성미 넘치는 신명스런 화법이다.

① 서현: 겸재는 생활 공간으로 삼았던 인왕산과 남산에서 그림을 그렸어.
② 윤재: 18세기 사람들은 진경산수화를 중국의 산수화와는 별개로 생각했어.
③ 영욱: 겸재는 표현 대상을 그림의 중앙에 배치하여 이를 강조하는 방식으로 그림을 그렸어.
④ 다은: '난시준(亂柴皴)', '양필법(兩筆法)' 등 겸재만의 개성이 담긴 화법들은 후배 화가들에게 전승되었어.

2 다음 글에 나타난 필자의 견해로 볼 수 없는 것은?

과학 혁명의 시작은 코페르니쿠스(Nicolaus Copernicus)와 갈릴레이(Galileo Galilei)였다. 지동설을 주장한 코페르니쿠스와 천문학, 역학 등에서 중요한 발견을 한 갈릴레이의 업적은 지금 기준에서 보면 미미할 수도 있으나 그 의미는 매우 큰 것이었다. 자연과 우주를 바라보는 인간의 시각을 완전히 바꾼 점에서 그랬다. 이전까지 서양의 학문은 철학과 기독교의 틀 안에 머물러 있었다. 목적도 모두 절대 진리 혹은 절대자(그것이 플라톤의 이데아이든 기독교의 하나님이든)를 찾는 데 맞춰졌고 이것에 도달하는 방법도 선험적이고 정신적인 사유가 주를 이루었다. 두 사람을 전환점으로 삼아 자연과 우주를 바라보는 시각이 물리적 작동 법칙을 찾는 쪽으로 반대로 바뀌었다. 그 목적은 결국 자연을 인간에게 이롭게 이용하자는 것이었으며 방법론도 실험과 관찰이라는 경험적이고 물리적인 방식으로 전환되었다. 기독교의 인간 중심주의를 이어받되 이것을 허락한 주인을 하나님에서 인간 자신으로 대체하는 혁명적 변화였다.

이른바 과학 혁명이었다. 인류 역사, 좁게는 서양 역사에서 흔히 신석기 혁명, 철기 혁명, 산업 혁명, 프랑스 대혁명을 4대 혁명으로 꼽지만 과학 혁명도 절대 이들에 뒤지지 않는 결정적 전환점이었다. 산업 혁명이나 프랑스 대혁명도 그 이전에 시작된 과학 혁명이 없었으면 불가능한 것이었다. 과학 혁명까지 포함시켜서 5대 혁명으로 부르는 것이 타당할 것이다. 중요한 건, 이런 혁명들이 프랑스 대혁명을 제외하곤 모두 인간이 자연을 대하는 도구적 효율성에서 획기적 발전을 이룬 경우라는 점이다. 뭉툭한 돌에서 날카롭게 갈아 만든 돌로, 청동기에서 철로, 하나님 중심의 세계관에서 인간 중심의 세계관으로, 인력과 마력에서 기계력으로의 전환 등 도구적 전환이 혁명의 근간을 이루었다. 자연을 인간의 손아귀에서 쉽게 다룰 수 있게 해 주는 도구의 발전을 혁명의 기준으로 삼았다는 뜻이다. 이는 서양 자연관의 본질을 단적으로 보여주는 예이다.

① 과학 혁명은 인류사에 끼친 영향력에 비해 과소평가되었다.

② 과학 혁명 이후 인간은 절대자보다 자연을 더 중시하게 되었다.

③ 대부분의 서양 자연관은 자연을 도구적 효율성의 측면으로 바라보았다.

④ 지동설은 자연과 우주를 인식하는 인간의 관점을 바꾸었다는 점에서 의의가 있다.

3 다음 글을 통해 추론할 수 없는 것은?

> 시장이 희소한 자원을 효율적으로 배분하지 못하는 현상이 시장의 실패다. 시장이 실패하게 만드는 여러 가지 요인 가운데 독과점 기업이 있다. 상품을 사거나 파는 사람 모두 거래로부터 이득을 얻지만, 독과점 기업은 상대방에게 가는 거래의 이득 가운데 일부나 전부를 빼앗는데 이 과정에서 경제의 효율성을 저해한다. 예를 들어 독점 기업은 경쟁 기업이 있는 경우에 비해서 상품을 덜 생산하여 판매 가격을 높게 유지함으로써 소비자잉여의 일부를 착취하고 독점 이윤을 챙긴다.
>
> 시장의 실패는 정부가 시장에 개입하는 근거로 활용된다. 그렇지만 정부의 실패도 있기 때문에 정부의 개입으로 비효율성이 더 심해질 수 있다는 경고도 있다. 그러면 정부는 왜 실패할까?
>
> 가장 먼저 이익 집단들의 로비를 들 수 있다. 경제 전체의 효율성보다는 스스로의 이익을 위해서 이익 집단들은 국회의원이나 관료에게 로비를 하여 자신들에게 유리한 법이나 정책을 채택하도록 유도한다. 독과점 지위를 누리고 있는 기업은 정부에게 그럴듯한 이유를 제시하면서 새로운 경쟁 기업의 진입을 억제하는 장벽을 두텁게 친다. <중 략>
>
> 정보의 부족 문제는 정부에게도 영향을 준다. 복잡한 경제 문제를 합리적이고 효과적으로 해결할 수 있는 정책을 개발하기 위해서는 많은 양의 정보가 필요하지만 정보 수집과 선별에는 비용과 시간이 들어가기 마련이다. 그래서 대개는 정보가 완전하지 못한 상태에서 의사 결정을 하고, 그럴수록 정부가 실패할 가능성이 높아진다.

① 관료의 윤리적 수준은 정부의 실패 여부에 영향을 준다.
② 의사결정을 위한 사전 준비 정도에 따라 정부의 실패 가능성이 결정된다.
③ 시장 내 경쟁 기업이 많을수록 자원이 비효율적으로 배분될 가능성이 크다.
④ 기업이 소비자의 이익을 과도하게 착취하는 경우, 정부가 시장에 개입할 명분이 생긴다.

정답 및 해설 25p

1 다음 글의 주장으로 가장 적절한 것은?

위대한 체계로서의 한 사상은 다양한 주장들을 내포하고 개별적으로 볼 때 그것들이 모두 진리일 수 있다. 그러나 그것의 총체적 가치는 그러한 구성 부분들 하나하나를 떼어 놓고 볼 때 뛰어나다고 하더라도 그것만으로는 미흡하다. 어떤 작은 돌멩이들이 개별적으로 각기 귀중한 보석일지라도 그것들의 진짜 값은 그것들이 어떤 방식으로 가공되어 어떤 형태를 갖추고, 더 나아가 그것들이 하나의 귀고리, 목걸이, 왕관 등과 같은 하나의 작품으로 통일된 조화를 갖춘 조합체로 재구성되어야 한다. 한쪽의 대리석이나 그 밖의 돌이 개별적으로 아무리 귀하거나 좋더라도 그러한 것들 자체로는 별 가치가 없다. 그것들의 진정한 가치는 하나의 위대한 조각으로 혹은 하나의 웅장한 성당으로 견고한 토대 위에 세워졌을 때 비로소 참다운 가치를 발휘하고 감상되고 평가되어 인정받을 수 있다.

① 사상의 총체적 가치는 구성 성분 간의 조화에서 비롯된다.
② 전체를 구성하는 개별 원소의 가치가 집합의 완성도를 결정한다.
③ 건축물을 받치는 토대의 견고함에 따라 건축물의 가치가 달라진다.
④ 작품을 평가할 때는 작품을 하나의 조합체로서 파악할 수 있는 시각이 필요하다.

2 다음 글의 내용과 부합하지 않는 것은?

중국 역사상 위대한 황제로 꼽히는 한무제(漢武帝)가 국력을 총동원하여 흉노를 정벌하기로 결심한다. 흉노족을 정벌하지 않고는 평화와 번영이 있을 수 없다는 것을 깨달은 것이다. 그는 50년이 넘는 오랜 통치 기간 동안 한나라를 명실상부한 대제국으로 만든 탁월한 군주였다. 연호와 역법을 만들고 유학을 통치 이념으로 채택해 내실을 기했다. 그런 다음 정복 전쟁에 나섰다. 한무제는 계속 이어져 오던 흉노족과의 화친 정책을 버리고 공격으로 방향을 바꿨다. "종기는 근원까지 도려내야 후환이 없다. 강력하게 공격하여 흉노족의 본거지를 쓸어버려라." 한무제는 고비사막을 넘어 흉노족의 본거지인 몽골 초원까지 공격해 들어갔다. 흉노족은 한무제의 공격을 당해낼 수가 없었다. 한나라의 공격도 강력했지만 몇 년간 계속된 가뭄과 추위로 전력이 약화되었던 이유가 더 컸다. 살아남기 위해 더 서쪽으로 이동해야 했다.

수세기 동안 이들 기마족 몽골[蒙古]인들은 이동을 계속했다. 그들은, 기원전 207년~기원후39년에 여러 차례 한나라를 침략하려고 했으나 좌절하고 서쪽으로 쫓겨났다. 그때까지 무제는 서역이라는 곳이 존재한다는 사실을 알지 못했다. 흉노의 포로들에게서 서역 이야기를 들은 무제는 장건에게 군사를 주어 서역까지 가도록 했다. 그 과정에서 장건에 의해 알려진 동서 교통로는 이후 당나라 시대에 비단길이라는 주요한 무역로로 쓰이게 된다. 무제의 팽창 정책은 중국만이 아니라 세계사에 큰 영향을 준 대사건이다.

기원전부터 시작된 흉노의 이동으로 수백 년에 걸쳐 도미노처럼 민족의 이동이 시작되었다. 우선 한나라에 밀려난 흉노가 중앙아시아로 이동하는 바람에 대월씨국(박트리아)의 부족들이 남쪽으로 밀려나 인도에서 쿠샨 왕조(1~3세기)를 열었다. 서쪽으로 진출을 계속한 흉노의 한 갈래는 발칸 반도 북부를 거쳐 중부 유럽까지 이르렀다. 당시 야만 지역이었던 중부 유럽의 게르만 족은 흉노를 훈(Hun)이라 부르며 두려워했다.

① 흉노의 이동은 대월씨국의 건국에 직접적인 영향을 주었다.
② 한무제는 내정과 외정에서 큰 성과를 거둔 탁월한 지도자였다.
③ 한나라의 공격 당시 흉노는 기존의 전력을 유지할 수 없는 상태였다.
④ 한무제의 팽창 정책은 동서양을 잇는 무역로를 발견하는 계기가 되었다.

3 다음 글을 뒷받침하는 예로 적절하지 않은 것은?

광고주들은 광고를 통해 상품의 인지도를 높이고 상품에 대한 호의적 태도를 확산시키려 한다. 간접 광고에서는 이러한 광고 효과를 거두기 위해 주류적 배치와 주변적 배치를 활용한다. 주류적 배치는 출연자가 상품을 사용·착용하거나 대사를 통해 상품을 언급하는 것이고, 주변적 배치는 화면 속의 배경을 통해 상품을 노출하는 것인데, 시청자들은 주변적 배치보다 주류적 배치에 더 주목하게 된다. 또 간접 광고를 통해 배치되는 상품이 자연스럽게 활용되어 프로그램의 맥락에 잘 부합하면 해당 상품에 대한 광고 효과가 커지는데 이를 맥락 효과라 한다.

① A 드라마에서 인기 있는 여배우가 착용하고 나온 모자가 매진된 사례
② B 드라마에서 엄마 역할의 배우가 빨래하는 장면에서 사용된 세탁기가 모두 판매된 사례
③ C 드라마의 출연자가 나오는 음료 광고가 C 드라마 중간에 삽입되어 판매율이 높아진 사례
④ D 드라마에서 집안의 소품으로 배치된 그릇보다 주인공이 사용한 그릇의 판매량이 더 높은 사례

정답 및 해설 26p

DAY 25

권장 시간: 3분   실제 시간: 분   초   맞은 개수: / 3문제

1 다음 글에서 추론할 수 있는 맹자의 생각으로 가장 적절한 것은?

맹자는 공동체의 질서를 중시했다. 전국시대 대혼란을 몸소 겪은 지식인으로서 당연한 태도였는지도 모른다. 그래서인지 그는 공동체와 질서의 존재 가치를 부정하는 사상과 단호하게 투쟁했다. 맹자는 양주(楊朱)와 묵자(墨子)를 특히 격하게 비판했다. 양주는 현대적 표현으로 말하면 극단적인 개인주의와 자연주의를 표방했다. 맹자는 양주를 "내 몸에 털 하나를 뽑아 천하를 이롭게 할 수 있다고 해도 그렇게 하지 않는" 이기주의자라고 비난했다. 양주의 사상이 과연 그런 비난을 받아 마땅한 것인지는 의문이지만, 어쨌든 당시 맹자가 보기에 그것은 사악한 사상이었다. 묵자는 현대적으로 해석하면 상호부조론과 반전 평화주의, 자연주의 철학을 실천한 지식인이었다. 맹자는 묵자가 치안과 정치, 질서유지 등 공공재를 공급할 국가의 기능을 원천적으로 부정한다고 보았다.

맹자는 묵자를 비판하는 과정에서 인간의 선한 본성이 가까운 혈육에서 시작해 타인에게로 퍼져 나간다는 논리를 전개했다. 이것은 보편적 사랑을 역설한 묵자의 겸애사상(兼愛思想)을 비판하는 데 효과가 있는 논리였다. 찰스 다윈 이래 생물학자들이 발견한 인간의 본능과 행동 양식에 비추어보면 맹자가 옳았다. 인간은 이타적 행동을 하는 이기적 동물이다. 인간이 하는 이타 행동의 가장 강력한 동기는 유전적 근친성이다. 그리고 사회를 만들어 생활하는 과정에서 협동 정신과 타인에 대한 배려, 공동체를 위한 자기희생 같은 '사회적 재능'을 진화시켜왔다. 이타 행동이라는 인간의 사회적 재능은 먼저 유전적 근친성이 높은 사람을 대상으로 표출되어 낮은 사람에게로 확장된다.

① 개인에게 닥친 위협은 개인적 차원에서 해결해야 한다.
② 사람은 자연의 본성을 따르며 궁극적으로 자연으로 회귀한다.
③ 가족을 사랑하지 않는 사람은 공동체를 위한 희생도 할 줄 모른다.
④ 인간은 선한 본성을 가지고 태어나지만 환경에 따라 악한 성질이 표출되기도 한다.

2 문맥에 따른 배열로 가장 적절한 것은?

> (가) 친자연적이라는 말에는 자연환경과 조화를 이루어 심리적 안정감이나 미적 쾌감을 준다는 의미가 담겨 있다.
> (나) 그러나 친자연적이라는 말에 생활하기 불편하다는 의미도 내포되어 있다고 여기는 이들도 있다.
> (다) 한옥은 여름에는 덥고 겨울에는 추워 생활하기 힘들다는 것이다.
> (라) 흔히 사람들은 한옥을 친자연적 건축물이라고 말한다.
> (마) 한옥이 자연에서 취한 자재를 활용하고 자연 채광을 이용하기 때문이다.

① (다) – (가) – (마) – (나) – (라)
② (다) – (나) – (가) – (라) – (마)
③ (라) – (가) – (마) – (나) – (다)
④ (라) – (나) – (다) – (가) – (마)

3 <보기>에 대한 설명으로 가장 옳은 것은?

> **보기**
> 　플라톤이 구상한 나라에서 국민들은 3등급으로 나누어진다. 일반 평민, 군인 그리고 나라의 내적 외적 안전을 지키는 소임을 가진 수호자가 그것이다. 플라톤은 일반 평민에 대해선 별 관심을 보이지 않는다. 평민들에게는 절제를 익히게 하고 권위에 복종하는 것이 의무라는 것을 깨닫게 하는 것으로 족하다. 그 다음엔 의식주의 문제나 일상생활상의 볼일에 전념하도록 하면 된다고 생각했던 것이다. 플라톤은 <수호자>들이 불필요한 걱정이나 노동에 구애받지 않고 사심 없이 직책에 충실할 수 있어야 한다고 생각하였다. 그들은 격리된 공동생활을 해야 하고 재산을 소유해서도 안 되며 결혼을 해서도 안 된다. 자녀를 낳을 수는 있으나 나라가 배우자를 지정해 주며 아기와 아버지는 서로의 관계를 모르게 한다. 수호자들의 아이들은 나라의 관장 아래 나라의 비용으로 양육되며 그들의 교육은 엄격한 윤리적 원칙에 기초해야 한다. 아름다운 육체 속에 깃들인 아름다운 영혼, 용기와 지력, 강건하면서도 유연한 신체, 엄격한 지적 훈련이 교육의 목표가 된다. 2년간의 현역 복무 후에 5년간 철학 공부를 해야 한다. 그때야 비로소 나라를 수호하는 의무를 이행하기에 충분한 성숙에 도달할 수 있다.

① 수호자는 나라를 지키는 임무에만 전념하였다.
② 플라톤은 국민 모두 덕을 길러야 한다고 주장하였다.
③ 수호자의 자식은 부모의 엄격한 양육을 통해 수호자가 되기 위한 조건을 갖추었다.
④ 일정 기간 동안 군 복무 또는 철학 공부를 한 사람에게만 수호자의 자격이 주어졌다.

정답 및 해설 27p

DAY 26

1 다음 문장이 들어갈 곳으로 가장 적절한 것은?

> 한 사람이 사용하는 에너지만 늘어난 것이 아니다.

> 부쩍 심해진 이상 기후 때문에 전 세계가 들썩인다. 그리고 그 원인으로 가장 우선 손꼽히는 것은 인간의 무절제한 에너지 소비이다. (㉠) 우리가 에너지를 많이 사용하고 있는 것은 사실이다. (㉡) 미국과 같은 선진국에서는 한 사람이 하루에 65만 킬로칼로리의 에너지를 사용하고 있다. (㉢) 한 사람이 하루를 살아가기 위해 필요한 최소한의 에너지가 2,000킬로칼로리임을 감안하면 오늘날 선진국에서는 원시인 320명이 사용하던 에너지를 한 사람이 사용하고 있는 셈이다. (㉣) 산업 혁명 전까지만 하더라도 6억 명이 채 되지 않았던 인구가 이미 65억 명을 거뜬히 넘어섰으니 문제가 생기지 않을 수 없다.

① ㉠

② ㉡

③ ㉢

④ ㉣

2 다음 글의 주제로 가장 적절한 것은?

이성계는 혼란기의 고려에서 대단한 관운을 누린 무장이었지만, 그렇다고 해서 결코 주류는 아니었다. 쌍성총관부에서 고려로 귀화하여 무장이 된 아버지를 따라온 이성계는 탁월한 군사 능력으로 무장들 가운데 빠른 신분 상승을 이루지만, 중앙의 왕족이나 귀족이 보기에는 여전히 미천한 신분의 촌티 나는 비주류였을 뿐이다. 그런 그에게 상류층만 모든 것을 누리고 대접받는 고려 사회는 문제투성이였을 것이고, 그러한 불합리함을 뒤집어 버려야 한다고 보았기 십상이다. 그 뒤집는 방법이야 유교든 불교든 크게 상관이 없었던 셈이다. 그래서 그는 정도전의 개혁 노선을 받아들여 새로운 나라의 구상을 공유하게 된 것이다. 다만 새로운 왕조에서 자신이 임금에 오르는 일은 여전히 곤혹스럽고 망설여지는 대목이었다. 따라서 정도전은 이성계를 설득해야 했다. 그래야만 유교 혁명을 이룰 수 있었다.

정도전은 우선 현실의 불합리함을 뒤집어엎을 방법으로 유학을 국가 이념으로 삼도록 이성계에게 그 매력을 주지시켰을 것이다. 이성계가 현실에서의 역성혁명에 주저하는 모습을 보이자, 그는 다른 무기를 하나 더 내놓는다. 그것은 바로 주나라의 천명사상(天命思想)이었다. 은상의 운명이 다하여 주왕과 같은 폭군이 나타났으며, 그렇기에 이제는 주나라가 바른 법도로 세상의 패권을 쥐고 다스릴 때가 되었다는 것이 바로 하늘이 내린 명령, 즉 천명사상의 요지다. 고려는 이미 천명을 다했기에 이제는 조선이 그 천명을 이어받아야 한다는, 조선의 정체성을 확립해 주는 근본 원리를 정도전은 이성계에게 주입하고 설득했다. 그리하여 이성계는 고려를 뒤엎고 자신의 왕조를 만들어야겠다는 용기를 낼 수 있었다.

① 이성계가 주나라의 천명사상을 따르게 된 이유
② 이성계가 새로운 왕조를 건립할 수 있었던 이유
③ 정도전이 유학을 국가 이념으로 삼으려 했던 이유
④ 정도전이 유교 혁명을 이루기 위해 이성계를 설득한 이유

3 다음 글을 읽고 ㉠과 ㉡의 특징을 가장 잘 대조한 것은?

'두껍게 읽기'란 ㉠자연과학과 대비되는 ㉡인문과학에서의 글 읽기에 전제가 되는 방법으로서 클리포드 기어츠의 "두꺼운 묘사(thick description)"라는 개념에 힘입은 것이다. 예를 들어 '사과'라는 단어에 대해 접근할 때에 자연과학의 입장에서는 사과라는 물체와 관련된 외형적, 객관적 사실들을 묘사한다. 즉 사과의 원산지, 주요 생산지, 크기, 색깔, 영양가와 같은 것들을 얇게 묘사한다. 묘사된 것을 벗기면 그 밑에 아무것도 남지 않는다는 말이다. 반면 인문과학에서는 사과 자체보다는 그것에 담겨 있는 여러 의미를 다룬다. 예를 들면 트로이전쟁의 사과, 뉴턴의 사과, 빌헬름 텔의 사과와 같은 역사적 층위의 의미도 있을 것이고, 개인적으로 떠오르는 사과가 파생시키는 의미의 연상 작용도 있을 것이다.

	㉠	㉡
①	감성적	이성적
②	가변적	영구적
③	단층적	다층적
④	개방적	폐쇄적

정답 및 해설 28p

DAY 27

권장 시간: 3분   실제 시간: 분   초   맞은 개수: / 3문제

1   다음 글에 대한 주장으로 가장 어울리는 것은?

> 과학의 가치중립성은 그 자체로 철학적 논의를 수반하는 것으로 간단하게 그 진위를 다루기란 결코 쉽지 않다. 그렇지만, 과학의 가치중립성과 과학자의 사회적 책임을 한 묶음으로 볼 수 있는지는 의문이다. <중 략> 핵분열 연쇄 반응이라는 과학 원리가 핵무기 개발에서 중요한 역할을 차지하고 있긴 하지만, 그 외에도 대단히 많은 과학적 원리와 사실이 있었다는 점에도 주목할 필요가 있다. 더욱 중요한 것은 적지 않은 과학 원리와 사실이 핵무기 개발 과정에서 과학자들의 적극적 노력에 의해 발견되었다는 점이다. 실제로, 핵분열 연쇄 반응에서 핵무기에 이르는 개발 과정은 과학 연구와 기술 응용이 동시에 이루어지는 매우 복잡하고 힘든 것으로, 마치 앞이 안 보이는 동굴 속에서 탈출구를 찾아내고자 가능한 모든 수단을 동원하고도 수많은 시행착오를 거듭하면서 한 걸음씩 앞으로 전진하는 형국이었다. 과학자들은 핵분열 연쇄 반응을 발견하는 데 그친 것이 아니라 핵무기 개발에 적극 참여했으며, 만약 새로운 과학적 사실과 그를 밝히기 위한 과학자들의 헌신이 없었다면 핵무기 개발은 결코 성공할 수 없었을 것이다. 가령, 노벨 물리학상 수상자인 엔리코 페르미는 '시카고 파일 1호'라는 소형 원자로를 완성하여 핵분열 연쇄 반응을 성공적으로 제어함으로써 플루토늄 원자폭탄을 만들 수 있는 길을 열었다. 이렇듯, 핵무기 개발에서 과학자들의 역할은 절대적이었다. 사정이 이런데, 과학의 가치중립을 앞세워 과학자들에게 사회적 책임을 물을 수 없다는 것은 핵무기 개발에 참여한 과학자들에게 면죄부를 주려는 속셈에 불과하다.

① 핵분열 연쇄 반응 연구가 유발한 세계적 폐해를 알려야 한다.

② 과학의 가치중립성과 과학자의 사회적 책임은 양립해야 한다.

③ 과학자가 연구에 전념할 수 있도록 제도적 기반을 마련해야 한다.

④ 핵무기 개발 과정에서 발견된 과학 원리의 효용성을 인정해야 한다.

2 ㉠에 들어갈 주장으로 가장 적절한 것은?

> 놀이는 도전을 의미한다. 다시 말해서 하지 않던 것을 해 보거나 할 수 없었던 것을 날마다 조금씩 도전해 가는 과정 자체가 놀이인 것이다. 물론 놀이터에서 자주 다쳐서는 결코 안 된다. 하지만 도전하는 과정에서 아이들이 겪는 회복 가능한 수준의 작은 부상은 무엇이 위험한 것이고, 그러한 일을 겪지 않으려면 어떻게 조심해야 하는지 아이들 스스로 깨닫게 하는 데에 도움이 된다. 초등학생들을 대상으로 하는 놀이터를 유아 수준의 놀이터로 만들어 놓고, 안전한 놀이터를 만들었다고 자만하는 것은 오히려 아이들에게 스스로 안전한 방법을 찾을 기회를 주지 않는 것이다.
> 이제 놀이터는 아이들이 진취적인 행동과 긍정적인 사고를 키워 나갈 수 있도록 도전하고 모험할 수 있는 공간으로서의 역할을 다해야 한다. 그러기 위해서 우리는 이제 '안전'이라는 기둥 옆에 '도전'과 '모험'이라는 기둥도 함께 세워야 한다. 즉, (㉠   )

① 안전을 우선시하는 놀이터를 설계하는 것이 가장 이상적이다.

② 아이들이 도전할 수 있는 놀이터를 만드는 기술력을 확보해야 한다.

③ 아이들의 흥미를 반영하지 못한 놀이터는 사고 발생의 위험성이 더욱 커진다.

④ 안전과 도전, 모험이라는 요소가 유기적으로 결합되도록 놀이터를 설계해야 한다.

3 다음 <보기>와 같은 유형의 논리적 오류가 나타난 것은?

> **보기**
> 규칙적으로 생활하고 책을 많이 읽는 사람은 성공합니다. 왜냐하면 성공한 사람은 규칙적으로 생활하고 책을 많이 읽기 때문입니다.

① 그는 진실만을 말하는 사람입니다. 왜냐하면 그는 거짓말을 하지 않기 때문입니다.

② 그 사람의 주장은 사실이 아닙니다. 왜냐하면 그는 고등학교를 중퇴했기 때문입니다.

③ 자사의 신제품은 최고의 품질을 보증합니다. 왜냐하면 올해 제일 많이 팔린 상품이기 때문입니다.

④ 우리의 사업 전략이 실패한 것은 인정합니다. 그러나 회사 휴게실에 새로운 자판기가 들어온 것은 기쁜 일입니다.

정답 및 해설 29p

DAY 28

1 ㉠ ~ ㉢에 들어갈 적절한 접속어를 순서대로 나열한 것은?

수라간에서 올리는 임금의 식사 중에 꽃잎과 가장 친한 것은 낮것이라고 불리는 점심 식사일 수밖에 없다. 임금은 보통 새벽에 일어나는데 이 때 탕약을 먹거나 죽을 기본으로 하는 죽상을 차린다. 그리고 아침 수라는 요즘으로 치면 꽤 늦은 시간인 10시경, 그리고 저녁 수라는 오후 5~7시경에 받는다. 고려 시대에는 두 끼 식사가 귀족에게도 기본이었다고 하는데, 조선 시대에도 그 풍습은 이런 식으로 일부 이어졌다고 할 수 있다. (㉠) 아침과 저녁 식사는 거나하게 차려졌다.

그렇지만 왕이 낮을 그냥 보낸 것은 아니다. (㉡) 식사가 간소했다. 점심을 낮것이라고 했는데 누가 방문하지 않는 날의 낮것상은 과일이나 과자, 떡, 화채 등의 다과반 차림이 많았다. 요즘으로 치면 간식이라고 불릴 만한데, 이 때 많이 올라오는 것이 과자나 떡을 제외하면 제철 과일이나 제철 꽃을 식용으로 만들어 낸 화채였던 것이다. 궁궐의 요리사들이 전문 조리사였음을 감안하면 고급 꽃 음식은 궁궐에서 시작되었을 가능성이 크다.

(㉢) 아이러니컬하게도 꽃잎 식용의 역사는 민간에서 더 많은 예를 찾아볼 수 있다. 이것은 아마도 궁궐에는 음식 재료가 풍부했던 반면 민간에서는 그렇지 못했기에, 일상적으로는 음식의 재료로 보지 않았던 것에 눈길을 돌렸기 때문일지도 모른다.

	㉠	㉡	㉢
①	즉	그러므로	또한
②	그래서	다만	그런데
③	결국	이를테면	한편
④	요컨대	그리하여	하물며

2 다음 글에서 알 수 있는 것은?

우리가 흔히 '불소(弗素)'라고 부르는 것은 '플루오린(F)'이라는 원소의 일본식 이름이다. 플루오린은 지구상에서 열세 번째로 많은 원소지만, 어느 특정한 지역이나 광석에 집중적으로 들어 있지는 않다. 인산비료의 원료인 인회석에도 소량의 불순물로 들어 있고, 바닷물에도 1.3ppm 정도 들어 있다. 우리 몸에도 3g 정도 들어 있다.

플루오린이 충치 예방에 좋다는 것은 지하수에 플루오린이 많이 녹아 있는 지역의 충치 발병률이 낮다는 사실로부터 우연히 알려졌다. 플루오린 이온이 충치를 예방한다는 주장에는 화학적으로 분명한 근거가 있다. 플루오린 이온이 우리 치아의 겉을 둘러싸고 있는 에나멜 성분인 수산화인회석의 분자구조에 끼어들어서 치아의 에나멜을 더욱 단단하게 만들어 준다는 사실이 밝혀졌기 때문이다. 그래서 충치 예방에 관심이 많은 사회에서는 플루오린을 첨가한 치약이나 어린이용 비타민제를 사용하기도 하고, 수돗물에 플루오린을 넣어주기도 한다. 그런 방법이 상당한 효과가 있다는 것이 일반적인 결론이다. <중 략>

수돗물의 불소화에 사용하는 화학물질이 일반적으로 '독극물'로 분류돼 있는 것은 사실이다. 그렇다고 무작정 무서워할 필요는 없다. 약국에서 판매하고 있는 거의 모든 의약품과 마찬가지로 너무 많이 섭취하면 치명적인 피해를 일으킨다는 뜻이기 때문이다. 플루오린의 농도만 정확하게 관리한다면 처방에 따라 사용하는 의약품처럼 아무런 문제가 되지 않는다. 결국 수돗물 불소화에서 중요한 문제는 우리 정수장이 제대로 생산된 깨끗한 플루오린염을 정확하게 사용하고 있느냐 하는 점이다.

① 플루오린의 효용성은 기획된 연구를 통해 발견되었다.
② 플루오린 이온의 충치 예방 효과는 과학적으로 검증되었다.
③ 수돗물 불소화에 사용되는 플루오린은 독극물로 분류되지 않는다.
④ 플루오린은 지구에서 흔한 광물이나 특정 지역에 편중되어 분포한다.

3 다음 글쓴이의 입장에 부합하는 것은?

우리나라의 교육 선각자들도 전국 방방곡곡에 현대적 학교 제도를 수립하여 남녀노소, 상하빈부를 가리지 말고 이들에게 교육받을 기회를 제공함으로써, 평등하고 부강한 나라를 세울 수 있다고 믿었다. 예부터 이어 내려온 신분 사회를 벗어나 모든 사람에게 차별 없는 교육을 제공하는 것은 정부의 당연한 책임이라고 주장하였다.

학교가 사회 평등을 위한 장치라는 생각에는 두 가지 다른 내용이 포함되어 있으므로 이를 구별할 필요가 있다. 하나는 교육을 통하여 불평등 구조를 해소 또는 축소시킨다는 것이고 다른 하나는 교육을 통하여 사회적 지위를 능력 본위로 결정한다는 것이다. 이들은 각각 계층구조의 평등화와 사회이동의 능력주의에 해당한다. 그런데 흔히 이 둘을 혼동한다. 사회를 평등하게 만드는 것, 즉 계층구조 자체를 평등하게 만든다는 것은 다른 말로 하면 사회 불평등 구조를 없애거나 축소하겠다는 주장이다. 한 사회 내의 불평등 구조, 즉 계층 격차를 줄이면 그만큼 평등해진다. 한편, 능력주의는 계층구조는 그대로 놔두고라도 개개인의 계층이 능력 본위로 이루어지면, 과거의 귀속주의에 의한 사회 불평등이 해소된다는 것이다. 다시 말하면, 사람들의 계층을 능력에 따라 결정하면 그만큼 평등해진다는 것이다. 평등주의와 능력주의의 관점은 이렇게 다름에도 불구하고 흔히 이를 혼동함으로써 연구 결과의 해석에 혼선을 일으키기도 한다.

① 평등주의와 능력주의의 차이를 정확하게 인지할 것을 강조하고 있다.
② 연구 결과의 해석에 혼동을 야기하는 학자들의 태도를 문제 삼고 있다.
③ 현대적 학교 제도 수립에 관한 교육 선각자들의 초기 정책을 비판하고 있다.
④ 불평등을 사회구조의 문제로 접근한 평등주의의 성과를 높게 평가하고 있다.

1   제시문의 내용과 일치하지 않는 것은?

서양식 우산이 우리나라에 들어온 것은 18세기 중반 선교사들을 통해서였다. 당시 우산은 박쥐 모양으로, 비닐이나 기름종이 또는 방수 처리한 헝겊을 나무나 쇠로 만든 우산살에 덮어씌워 만들었다. 그러나 우산이 도입된 후에도 민가에서는 비를 가리는 행위를 금하는 풍습이 여전하였기 때문에 일반인들이 비를 가리는 용도로 우산을 사용하기까지는 적지 않은 우여곡절을 겪어야 했다.

기록에 따르면 우산이 도입된 초기에는 우리나라 사람들은 물론 우리나라에 와 있던 외국인들도 비 오는 날에 우산 사용을 꺼려했다고 한다. 당시 『독립신문』의 기사에 의하면 오랜 가뭄 끝에 비가 내렸을 때 외국인이 우산을 쓰고 거리에 나갔다가 몰매를 맞은 일까지 있었을 정도다. 그래서 외국인 선교사들도 선교 활동에 지장을 받을까 봐 우산 쓰고 다니는 것을 자제하였다고 하니 우산에 대한 사회적 거부 반응이 어느 정도였는지 짐작할 수 있다.

그러나 시간이 흐르면서 우산의 사용은 점차 확산된다. 이때 우산은 남녀 차별이라는 봉건적 정서와 결합하여 사회 활동을 하는 남성들의 상징물이 되기도 했다. 이것은 서구에서 우산이 권력이나 부를 소유한 남성들의 상징물이었던 것과 유사하다. 서구에서 둥근 우산은 태양의 원반, 즉 둥근 태양 자체를 상징하였고, 방사형 우산살은 햇빛을, 손잡이는 우주의 축을 의미하였다. 하지만 우산의 사용이 확산되는 시기에도 계급과 계층에 따라 우산에 대한 부정적 인식은 여전히 남아 있었다.

우산이 사회에 정착되면서 민가에서는 우산과 관련하여 새로운 금기 사항이 등장하기도 하였다. 예를 들면 민가에서는 방 안에서 우산을 펴는 행위를 금하였다. 방 안에서 우산을 펴면 죄를 지어 감옥에 간다는 속설 때문이었다. 방 안에서 우산을 펴는 것은 스스로 빛을 가리는 행위로, 햇빛을 보기 힘든 감옥에 들어가는 것과 유사하다고 받아들인 것이다. 또한, 우산을 거꾸로 들면 벼락을 맞는다는 속설도 전한다. 거꾸로 든 우산은 하늘에 대한 거역으로, 하늘을 노하게 해 벼락을 맞는다고 생각했던 것이다.

① 18세기 중반 선교사들에 의해서 우리나라에 서양식 우산이 도입되었다.
② 우산이 사회에 정착될 무렵에도 우산 사용에 대한 금기 사항들이 생겨났다.
③ 동양인과 서양인은 우산의 모양이나 구성 요소에 대해 서로 다르게 인식하였다.
④ 우산이 우리나라에 도입된 직후에는 비를 가리는 용도로 우산을 사용하기 힘들었다.

2 다음 글의 중심 내용으로 가장 적절한 것은?

> 온도가 높은 열대 지방 사람들은 잘 움직이지 않으며, 긴장하거나 깊이 생각하지도 않는다. 정신 및 육체 활동은 심장 활동을 활발하게 하여 체온을 상승시킨다. 그래서 가급적 체온을 낮추어야 하는 열대 지방 사람들은 생각을 덜하고 적극성이 부족한 기질로 변화되어온 것이다. 열대 지방에서 부지런히 일하고 깊이 생각한다는 것은 수명을 재촉하는 짓이나 다름없다. 우리의 경우에도 더운 여름에 식욕이 감퇴되는 것처럼 열대 지방 사람들은 식탐이 적다. 가만히 앉아 있다가 배가 고프면 최소한의 먹을거리로 끼니를 때우는 것이다. 기온이 높은 열대 지방에서 뛰어난 사상가나 수준 높은 문명이 출현하지 않은 것에는 바로 이런 이유가 숨어 있다.
>
> 이탈리아나 프랑스, 스페인 등 라틴계에 속하는 민족은 기온이 높고 빛이 풍부한 곳에 산다. 이런 곳에 사는 사람들은 낙관적이고 감성적으로 기질이 변하면서 예술에 탁월함을 보인다. 그러나 온도가 낮은 북유럽으로 갈수록 사람들은 아폴론형의 점액질 기질로 변한다. 이들의 특징은 근면하고 인내심이 강하며, 둔감하고 냉담한 편이다. 추위로 인해 집안에서 사색하는 시간이 많아 철학과 같은 분야에 탁월함을 보인다. 날씨의 차이로 인해 라틴계 지역에서는 음악, 미술, 패션, 화장품 등 감성적이고 예술적인 분야가 발달하고, 북유럽 지역에서는 철학이나 과학, 자동차나 조선, 약품 공업 분야가 발달한 것을 볼 수 있다. 날씨가 사람들의 기질에 영향을 주어 학문이나 경제에 영향을 준 좋은 예들이다.

① 각 나라 민족들의 서로 다른 특징
② 사람의 기질에 영향을 미치는 날씨
③ 날씨에 따라 발달하는 학문의 종류
④ 열대 지방의 문명이 발달하지 못한 까닭

DAY 29

해커스공무원 국어 비문학 독해 333 Vol. 2

3 다음 글의 전개 순서로 가장 자연스러운 것은?

> ㉠ 입 안의 여러 기관들과 코, 후두, 기관(氣管), 허파 등이 그것들인데, 이 중 후두는 발성 작용과 관련하여 특히 주목할 만하다.
> ㉡ 그런데 인간의 후두는 갓난아이 시기에는 목구멍과 비슷한 높이에 있다가, 자라면서 서서히 하강하여 더 아래쪽에 자리 잡는다.
> ㉢ 말소리는 생존에 필수적인 여러 신체 기관의 협력 작용에 의해 만들어진다.
> ㉣ 후두의 일차적 기능은 공기 외의 이물질이 기도로 넘어가는 것을 막는 일이기 때문에 목구멍 정도의 높이에 있는 것이 가장 효율적이다.
> ㉤ 흥미로운 사실은, 같은 영장류인 침팬지나 오랑우탄의 후두는 목구멍 정도의 높이에 있다는 점이다.

① ㉠ - ㉡ - ㉣ - ㉢ - ㉤
② ㉠ - ㉣ - ㉡ - ㉢ - ㉤
③ ㉢ - ㉠ - ㉣ - ㉡ - ㉤
④ ㉢ - ㉡ - ㉣ - ㉠ - ㉤

정답 및 해설 31p

1 다음 글을 통해 알 수 없는 내용은?

편의점의 또 한 가지 차별성은 매장의 디자인에도 있다. 우선 조명이 환하다. 천장을 잘 보라. 형광등이 빼곡하게 걸려 있고 대낮에도 환하게 켜져 있어 그 어느 공간보다도 밝다. 밤이 되면 그 밝음은 일종의 화려함으로도 느껴진다. 우리는 편의점에 들어설 때 다소 신선하고 활기찬 시공간을 경험한다. 이렇게 빛의 밝기를 높이는 것은 소비 욕구를 자극하는 고전적인 수법으로 백화점의 진열장에서 그 극치를 이루지만, 편의점은 그러한 비일상성을 일상 가까이에 끌어들인 것이라고 할 수 있다. 물건을 진열하는 데도 불빛이 어떤 각도로 반사되어야 소비자에게 부담되지 않으면서 구매 욕구를 불러일으킬지를 면밀하게 계산하여 조명과 선반의 위치를 규격화해 놓고 있다.

그렇듯 밝은 실내 분위기는 진열된 상품을 빛나게 할 뿐 아니라, 드나드는 이들을 안심시키는 효과도 있다. 여성들도 심야에 아무런 망설임 없이 편의점에 들어갈 수 있고, 낯선 손님들이 옆에 있어도 신경을 쓰지 않는 것은 구석구석을 환하게 비추는 불빛 덕분이다. 그리고 투명 유리를 통해 바깥에서 내부를 훤히 들여다볼 수 있어 더욱 안심된다. 또한, 도난 방지용으로 설치된 볼록 거울을 통해 계산대 직원의 시선이 매장 내에 두루 미칠 수 있는 구조도 고객을 안심시킨다. 흥미로운 것은 그 밝은 불빛이 매장 바깥으로도 뻗어 나가 어두운 도시에 오아시스와 같은 역할을 한다는 점이다. 이는 지역의 치안에 도움이 된다.

① 편의점의 조명이 밝은 이유
② 편의점에 설치된 거울의 효과
③ 편의점의 차별화된 서비스 전략
④ 편의점이 지역 사회에 미치는 영향

2 다음 글에서 이끌어 낼 수 있는 주장과 가장 가까운 것은?

> 지금 우리 사회가 혼란스러운 이유는 변화의 시대를 받아들인 사람이 부족하기 때문이다. 우리 주변은 높은 보수를 받는 고지식한 관료, 받아 적기만 하는 사람, 문자 그대로 해석하는 사람, 지침 신봉자, 주말만 기다리는 노동자, 주어진 길만 가는 사람, 해고를 두려워하는 직장인들로 가득하다. 앞으로 무엇을 해야 하는지도 불확실한 시대에 고분고분 말 잘 듣는 무리는 별다른 도움이 되지 못한다.
>
> 우리가 원하는 사람, 우리에게 필요한 사람은 '대체 불가능한' 사람이다. 독창적인 사상가, 선동가, 우리를 돌봐 줄 사람이 필요하다. 조직을 이끌 수 있는 마케터, 위험을 무릅쓰고 인간관계를 만들어 내는 영업사원, 꼭 필요한 일이라면 사람들에게 미움받는 일이라도 기꺼이 감수할 수 있는 열정적인 체인지메이커(change maker)가 필요하다. 어떤 조직이든 이 모든 것을 함께 몰고 올 수 있는 사람, 차이를 만들어 낼 수 있는 사람을 원한다. 바로 린치핀이다.
>
> 물론 아직 그 필요성을 깨닫지 못했거나, 린치핀에 대한 정확한 정의를 내리지 못한 조직도 있다. 중요한 것은 우리에게 예술가가 필요하다는 사실이다.
>
> 예술가는 일에 대한 새로운 해답, 새로운 관계, 새로운 방법을 찾아내는 천재성을 가진 사람이다.

① 조직의 발전을 위해서는 새로운 규율을 만들어야 한다.
② 조직의 성공을 위해서는 조직의 손해를 감수해야 한다.
③ 조직을 성공으로 이끌기 위해서는 예술적인 감각을 길러야 한다.
④ 조직의 발전을 위해서는 변화를 두려워하지 말고 새로운 방법을 모색해야 한다.

DAY 30

해커스공무원 국어 비문학 독해 333 Vol. 2

3 다음 글에서 추론한 내용으로 적절하지 않은 것은?

> <조선왕조실록>은 조선시대의 왕이 재위하는 동안 국정 전반에 있었던 역사적 사실들에 대한 기록이다. 실록은 왕이 승하한 후에 편찬하는 것이 원칙이며, 실록 편찬을 위한 임시 관청인 '실록청'에서 만들어진다. 그런데 조선 왕조의 모든 기록이 '실록'이라 불리는 것은 아니다. 실록과 일기의 편찬 과정과 내용은 동일하지만 당시 정상적으로 임금의 자리를 후계자에게 위임한 후 서거한 임금의 기록은 '실록'이라고 하였으며, 폐위된 임금의 기록은 '일기'로 명명하였다. 연산군과 광해군의 기록이 실록이 아니라 <연산군일기>와 <광해군일기>로 불리는 까닭도 이러한 연유에서이다. 따라서 세조에 의해 폐위된 단종의 기록이 '실록'의 이름을 띠는 것은 굉장히 독특한 사례이다. 아버지인 문종이 단명하여 11세의 어린 나이에 즉위한 단종은 숙부인 수양대군이 일으킨 계유정난 이후 왕위에서 물러나 상왕(上王)이 되었다. 이로써 세조로 즉위하게 된 수양대군은 사육신이 단종 복위를 모의하다 발각된 사건을 계기로 단종을 노산군으로 강봉하였다. 단종이 폐위됨에 따라 세조 대에 편찬된 <단종일기> 또한 <노산군일기>라는 명칭으로 기록되었으나, 약 200년 후 숙종 대에 이르러 노산군을 단종으로 복위하면서 명칭을 변경하고 이러한 경위를 부록으로 기록하였다.

① 실록과 일기는 기록 방식으로 구분할 수 없겠군.
② 임금은 자신의 기록이 편찬되는 과정을 볼 수 없었군.
③ 연산군과 광해군은 정상적인 방법으로 즉위하지 못했군.
④ 후대의 왕조에서 선대의 역사적 사건을 재평가할 수 있었군.

정답 및 해설 **32p**

MEMO

해커스공무원

국어

**비문학
독해 333** Vol.2

초판 3쇄 발행 2025년 2월 3일
초판 1쇄 발행 2021년 9월 6일

지은이	해커스 공무원시험연구소
펴낸곳	해커스패스
펴낸이	해커스공무원 출판팀

주소	서울특별시 강남구 강남대로 428 해커스공무원
고객센터	1588-4055
교재 관련 문의	gosi@hackerspass.com
	해커스공무원 사이트(gosi.Hackers.com) 교재 Q&A 게시판
	카카오톡 플러스 친구 [해커스공무원 노량진캠퍼스]
학원 강의 및 동영상강의	gosi.Hackers.com

ISBN	979-11-6662-482-7 (13710)
Serial Number	01-03-01

공무원 교육 1위,
해커스공무원 gosi.Hackers.com

해커스공무원

· 필수어휘와 사자성어를 편리하게 학습할 수 있는 **해커스 매일국어 어플**
· 해커스 스타강사의 **공무원 국어 무료 특강**
· 정확한 성적 분석으로 약점 극복이 가능한 **합격예측 온라인 모의고사**(교재 내 응시권 및 해설강의 수강권 수록)
· **해커스공무원 학원 및 인강**(교재 내 인강 할인쿠폰 수록)

해커스공무원 **단기 합격생**이 말하는

공무원 합격의 비밀!

해커스공무원과 함께라면
다음 합격의 주인공은 바로 여러분입니다.

대학교 재학 중,
7개월 만에 국가직 합격!
김*석 합격생

영어 단어 암기를 하프모의고사로!
—
하프모의고사의 도움을 많이 얻었습니다. **모의고사의 5일 치 단어를 일주일에 한 번씩 외웠고**, 영어 단어 **100개씩은 하루에** 외우려고 노력했습니다.

가산점 없이
6개월 만에 지방직 합격!
김*영 합격생

국어 고득점 비법은 기출과 오답노트!
—
이론 강의를 두 달간 들으면서 **이론을 제대로 잡고 바로 기출문제로** 들어갔습니다. 문제를 풀어보고 기출강의를 들으며 **틀렸던 부분을 필기하며 머리에 새겼습니다.**

직렬 관련학과 전공,
6개월 만에 서울시 합격!
최*숙 합격생

한국사 공부법은 기출문제 통한 복습!
—
한국사는 휘발성이 큰 과목이기 때문에 **반복 복습이 중요하다고 생각**했습니다. 선생님의 강의를 듣고 나서 바로 **내용에 해당되는 기출문제를 풀면서 복습**했습니다.

해커스공무원

국어
비문학
독해

333

Vol.2

정답 · 해설
비문학 지식 암기노트

약점 보완 해설집

해커스공무원

국어
비문학 독해 333
Vol.2

정답 · 해설
비문학 지식 암기노트

약점 보완 해설집

해커스공무원

1 ④　　2 ②　　3 ③

1 내용 추론

정답 해설

④ 2문단을 통해 접근 동기는 긍정적인 보상을 얻고자 어떤 일을 '열심히' 하는 것임을, 회피 동기는 좋지 못한 것으로부터 벗어나고자 '열심히' 무엇인가를 하는 것임을 알 수 있다. 따라서 접근 동기와 회피 동기 모두 목적을 위한 노력이 전제됨을 알 수 있으나 노력의 정도 차이가 행위의 동기를 결정짓는지는 추론할 수 없으므로 ④는 적절하지 않다.

오답 분석

① 5문단 첫 문장을 통해 회피 동기가 강화된 사회의 구성원은 실패를 예방하기 위한 삶을 살게 됨을 알 수 있으므로 회피 동기가 강화된 사람은 실패를 두려워한다고 추론할 수 있다.

② 2문단 첫 문장을 통해 접근 동기는 긍정적인 보상을 얻고자 어떤 일을 하는 것임을 알 수 있으므로 접근 동기는 이익을 늘리기 위한 행동의 동기로 작용한다는 것을 추론할 수 있다.

③ 4문단 2~3번째 줄을 통해 경쟁이 일상화된 한국 사회는 회피 동기가 행위의 동기로 작용하는 경우가 많음을 알 수 있다. 따라서 경쟁과 같은 타인과의 사회적 관계가 동기의 작용에 영향을 준다는 점을 추론할 수 있다.

2 주제 및 중심 내용 파악

정답 해설

② 1문단에서는 관객 수가 많아지더라도 영화관이 상영을 위해 지불해야 하는 변동 비용은 추가로 발생하지 않는 점을 설명하고, 2~3문단에서는 영화 상영에 대한 변동 비용이 추가로 발생하지 않으므로 영화관은 입장료를 할인해서라도 관객을 모으는 것이 더 큰 이윤을 창출할 수 있음을 밝히고 있다. 따라서 제시문의 제목으로 가장 적절한 것은 ② '영화 상영 비용과 관객 수의 상관관계'이다.

3 글의 구조 파악

정답 해설

③ ㉠~㉢에 들어갈 말은 순서대로 '그래서 - 그런데 - 곧'이므로 답은 ③이다.

- ㉠: ㉠의 앞에서 흰색의 콜로이드가 녹아 있어 국물이 우윳빛을 띤다고 하였고, ㉠의 뒤에서 설렁탕의 국물 색이 희고 맛이 진해 '설렁탕'을 '설농탕(雪濃湯: 눈 설, 짙을 농, 끓일 탕)'이라고 표기한 경우도 있다고 하였다. 따라서 ㉠에는 앞의 내용이 뒤의 내용의 원인이나 근거, 조건 등이 될 때 쓰는 '그래서'가 들어가는 것이 적절하다.

- ㉡: ㉡의 앞에서 '설렁탕'이 '설농탕'이라고 표기되었던 사례와 그 이름(설농탕) 안에 담겨 있는 의미를 설명하였고, ㉡의 뒤에서는 '설렁탕'이라는 이름의 유래를 설명하고 있다. 따라서 ㉡에는 화제를 앞의 내용과 관련시키면서 다른 방향으로 이끌어 나갈 때 쓰는 '그런데'가 들어가는 것이 적절하다.

- ㉢: ㉢의 앞에서 '설렁탕'이 '선농단(先農壇)'에서 유래했다는 주장을 설명하였고, ㉢의 뒤에서 '선농단'의 발음이 변하여 '설농탕(설렁탕)'이 된 것이라고 ㉢ 앞의 주장을 정리하고 있다. 따라서 ㉢에는 '바꾸어 말하면'이라는 의미의 '곧'이 들어가는 것이 적절하다.

DAY 02

p. 26

1 ④   **2** ②   **3** ①

1 세부 내용 파악

정답 해설

④ 1문단 마지막 문장을 통해 오래 알고 지낸 사람의 감정조차 알기 어려울 때가 많음을 알 수 있으나, 처음 보는 사람에 비해 더 알기 어려운지는 확인할 수 없으므로 글의 내용과 부합하지 않는 것은 ④이다.

[관련 부분] 오랫동안 함께 지낸 가족이나 친구의 마음조차 전혀 종잡을 수 없는 경우가 많다.

오답 분석

① 1문단 1번째 줄을 통해 확인할 수 있다.

[관련 부분] 감정은 생각과 행동을 좌우한다.

② 2문단 4~5번째 줄을 통해 확인할 수 있다.

[관련 부분] 끊임없이 바뀌는 새떼의 모습처럼, 감정은 내 안에 있으면서도 예측하기 어려운 방식으로 작동한다.

③ 1문단 2~3번째 줄을 통해 확인할 수 있다.

[관련 부분] 사적인 관계에서 공적인 조직 경영에 이르기까지 공감 능력은 행복과 성공의 열쇠가 된다.

2 적용하기

정답 해설

② 제시문은 백성을 통치하는 군주가 덕성을 갖추지 않고 법과 형벌에만 기대어 정치를 할 경우, 백성들 역시 형벌을 피하기 위해서만 법을 지킬 뿐, 옳고 그른 것이 무엇인지 스스로 판단하지 않게 된다고 설명하고 있다. 즉, 지도자가 솔선수범해야 지도자를 따르는 사람들도 그에 따라 행동한다고 주장하므로, 제시문의 내용과 가장 가까운 것은 ②이다.

• 윗물이 맑아야 아랫물이 맑다: 윗사람이 잘하면 아랫사람도 따라서 잘하게 된다는 말

오답 분석

①③④ 지도자가 솔선수범해야 지도자를 따르는 사람들도 그에 따라 행동한다는 내용이 아니므로 제시문의 내용과 거리가 멀다.

① 낙락장송도 근본은 종자: 아무리 훌륭한 사람이라도 처음에는 보통 사람과 다름이 없었음을 비유적으로 이르는 말

③ 콩 심은 데 콩 나고 팥 심은 데 팥 난다: 모든 일은 근본에 따라 거기에 걸맞은 결과가 나타나는 것임을 비유적으로 이르는 말

④ 나는 바담 풍(風) 해도 너는 바람 풍 해라: 자신은 잘못된 행동을 하면서 남보고는 잘하라고 요구하는 말

3 논지 전개 방식

정답 해설

① <보기>와 ①은 상위 항목을 하위 항목으로 나누어 진술하는 '구분'의 방식을 사용하였다.

• <보기>: 상위 항목인 은행을 일반은행과 특수은행으로 나누고 일반은행과 특수은행을 다시 그 하위 항목으로 나누어 설명

• ①: 우리나라에서 서식하는 설치류를 하위 항목인 들쥐, 다람쥐, 청설모 등으로 나누어 설명

오답 분석

② 인용: 베이컨의 말을 빌려 학습의 중요성을 설명하였다.

③ 분류: 하위 항목인 '김치, 요구르트, 두반장'을 묶어 상위 항목인 '발효 음식'을 설명하였다.

④ 비유: 인생을 마라톤에 빗대어 인생에 대한 장기적인 안목의 필요성을 설명하였다.

비문학 지식 암기노트

분류와 구분의 차이

분류와 구분은 모두 어떤 대상이나 생각들을 비슷한 특성에 따라 나누어 진술하는 방식이다. 하지만 분류는 하위 항목을 상위 항목으로 묶어 나가는 것이며, 구분은 상위 항목을 하위 항목으로 나누는 방식이라는 차이가 있다.

• 분류 예 사자와 호랑이는 포유류이고 악어와 거북이는 파충류에 속한 동물들이다.

• 구분 예 우리 문학의 운문 갈래에는 고대가요, 향가, 고려가요, 시조 등이 있다.

DAY 03

p. 28

1 ③   **2** ④   **3** ③

1 관점과 태도 파악

정답 해설

③ 끝에서 3~4번째 줄에서 '카'는 상대주의 사관의 대표 학자로, 과거 사실은 역사가의 해석에 따라 달라질 수 있다고 주장하고 있다. 따라서 역사가가 사료 본연의 내용만을 역사로 서술해야 한다는 ③의 내용은 카의 견해로 볼 수 없다.

[관련 부분] 과거 사실은 역사가가 어떻게 해석하느냐에 따라 달리 표현되기 때문에 상대주의 사관이라고 불리기도 한다. 대표적인 역사학자로는 카가 있는데,

오답 분석

① 끝에서 4~5번째 줄에서 확인할 수 있다.

[관련 부분] 역사 연구 과정에서 역사가의 주관과 가치관이 필연적으로 포함될 수밖에 없으며,

② 끝에서 5~6번째 줄에서 확인할 수 있다.

[관련 부분] 주관적 의미의 역사는 역사가의 학문적 검증에 의해 선별된 자료들을 주관적으로 재구성하여 서술하는 관점을 말한다.

④ 마지막 문장에서 확인할 수 있다.

[관련 부분] 역사란 과거와 현재의 끊임없는 대화로 역사가와 과거 사실이 상호작용한 결과라고

2 글의 구조 파악

정답 해설

④ (라) - (나) - (다) - (가)의 순서가 가장 자연스럽다.

순서	중심 내용	순서 판단의 단서와 근거
(라)	도식의 개념	접속어나 지시 표현으로 시작하지 않으면서 글의 중심 화제인 '도식'을 제시함
(나)	도식을 활용한 사례	접속어 '예를 들어': (라)에서 설명한 내용을 뒷받침하는 구체적인 사례를 제시함
(다)	자기 도식의 개념과 자기 도식을 활용한 사례	키워드 '개에 대한 도식': (나)의 내용에 이어서 자기 도식의 개념과 개에 대한 인식이 사람마다 다른 이유를 설명함
(가)	자기 도식에 따라 달라지는 감정과 행동	지시 표현 '이처럼': 자기 도식에 따라 동일한 사물인 개에 대한 인식과 행동이 달라질 수 있다는 (다)의 내용을 가리킴

3 논지 전개 방식

정답 해설

③ 제시문의 밑줄 친 부분에서 '물'은 흐르면 이끼가 끼지 않지만 고여 있으면 혼탁해지다가 썩는 것처럼, '사람'도 살아남기 위해서는 쉼 없이 자기 정화를 하며 흘러가야 한다고 설명하고 있다. 이때 친숙한 대상인 '물'의 특성을 먼저 제시한 후, '사람' 또한 물과 같은 특성을 가질 것이라고 비교하여 설명하고 있으므로 밑줄 친 부분의 주된 설명 방식은 ③ '유추'이다.

• 유추: 친숙한 대상의 특징을 제시한 후, 그와 일부 속성이 일치하는 다른 생소한 대상도 그러한 특징을 가질 것이라고 비교하여 설명하는 진술 방식

오답 분석

① 예시: 사례를 들어 일반적이거나 추상적인 원리, 법칙, 진술을 구체화하는 진술 방식

② 비유: 어떤 현상이나 사물을 직접 설명하지 않고 다른 비슷한 현상이나 사물에 빗대어 간접적으로 설명하는 진술 방식

④ 묘사: 대상을 그림 그리듯이 구체적으로 설명하는 진술 방식

비문학 지식 암기노트

비교와 유추의 차이

비교와 유추는 모두 대상의 유사성을 바탕으로 설명하는 방식이다. 하지만 비교가 둘 이상의 대상에서 공통점을 찾아 설명하는 방식이라면, 유추는 두 대상의 유사성을 바탕으로 한쪽의 특징을 다른 한쪽도 가질 것이라고 추론하는 설명 방식이다.

DAY 04

p. 30

1 ③   **2** ③   **3** ④

1 글의 전략 파악

정답 해설

③ 제시문에서 개인의 경험을 사례로 제시한 부분은 드러나지 않으므로 진술 방식에 대한 설명으로 적절하지 않은 것은 ③이다.

오답 분석

① 제시문은 의료 소송 시 환자가 부담해야 하는 입증 책임과 관련하여 1문단에서는 과거의 양상을, 2문단에서는 현재의 양상을 대조하고 있다. 이를 통해 과거에 비해 현재에는 의료 소송에서 피해자의 입증 책임이 줄어들어 권리 회복의 여건이 변화했음을 밝히고 있으므로 적절하다.

② 1문단 3~5번째 줄에서 구체적인 수치를 활용하여 과거에는 의료 소송에서 피해자가 승소하더라도 피해자에게 실질적인 이익이 없는 경우가 많았다는 문제 상황의 원인을 드러내고 있으므로 적절하다.

[관련 부분] 의료 소송의 평균 소송 기간이 26.3개월로서 일반 소송의 4배가 넘고 항소율이 71%가 넘어 최종심까지 가는 경우가 대부분이다. 따라서 의료 서비스의 피해자인 원고가 승소하더라도 개인적 실익이 없는 경우가 많다.

④ 2문단 2~4번째 줄에서 관용구 '다시 말해'를 사용하여 앞에서 언급한 피해자의 입증 책임이 줄어 권리 회복의 여건이 나아졌다는 내용을 쉽게 풀어서 설명하고 있으므로 적절하다.

[관련 부분] 다시 말해, 피해자가 병원 측의 과실을 모두 입증하지 못하더라도 법원이 병원 측의 과실을 인정하는 경우가 과거에 비해 늘고 있는 것이다.

2 내용 추론

정답 해설

③ 문맥상 ⊙과 ⓒ에는 각각 '제기', '상쇄'가 들어가는 것이 적절하므로 답은 ③이다.

- ⊙: ⊙이 포함된 문장에서는 하이퍼루프의 안전성에 문제가 있음을 설명하고 있다. 따라서 ⊙에는 '의견이나 문제를 내어놓음'이라는 의미를 가진 '제기'가 들어가는 것이 적절하다.

- ⓒ: ⓒ 앞에서는 하이퍼루프가 초기 투자 비용이 크다는 단점을 제시하고, ⓒ이 포함된 문장에서는 적은 유지 비용을 통해 하이퍼루프의 단점을 보완할 수 있음을 설명하고 있다. 따라서 ⓒ에는 '상반되는 것이 서로 영향을 주어 효과가 없어지는 일'이라는 의미를 가진 '상쇄'가 들어가는 것이 적절하다.

오답 분석

- 제청: 어떤 안건을 제시하여 결정하여 달라고 청구함
- 창출: 전에 없던 것을 처음으로 생각하여 지어내거나 만들어 냄

3 논리적 사고

정답 해설

④ 예문과 ④에는 일반적인 원칙을 예외적인 경우에도 그대로 적용하여 생기는 오류인 '원칙 혼동의 오류(우연의 오류)'가 나타난다.

- 예문: '사회 구성원 모두가 공평하게 납세의 의무를 수행해야 한다'라는 일반적인 원칙을 '장애인 세제 혜택 제도'라는 예외적인 경우에도 그대로 적용함
- ④: '인간은 자신의 행동을 결정한 권리가 있다'라는 일반적인 원칙을 '청소년의 흡연 허용'이라는 예외적인 경우에도 그대로 적용함

오답 분석

① 무지에의 호소: 부장님에 대한 혹평이 없었으므로 부장님은 좋은 사람이라고 주장하는 오류를 범하고 있다.

② 흑백 논리의 오류: '행복/불행'이라는 양극단으로만 구분하여 중립을 인정하지 않는 오류를 범하고 있다.

③ 원인 오판의 오류: 머리를 감지 않은 것을 시험 성적이 좋다는 결과의 원인으로 잘못 판단하는 오류를 범하고 있다.

비문학 지식 암기노트	
원칙 혼동의 오류	상황에 따른 예외를 고려하지 않고 모든 상황에 일반적인 원칙을 적용하여 발생하는 오류
무지에의 호소	증명되지 못한 주장을 거짓이라고 추론하거나 반증되지 않은 주장을 참이라고 추론할 때 발생하는 오류
흑백 논리의 오류	모든 문제를 양극단으로만 구분하고 중립을 인정하지 않는 편향된 사고방식이나 논리로 판단하여 발생하는 오류
원인 오판의 오류	원인과 결과의 관계를 잘못 판단하여 발생하는 오류

DAY 05

p. 32

1 ①   **2** ④   **3** ③

1 내용 추론

정답 해설

① 1문단 마지막 문장을 통해 오존 발생기에 전류가 너무 많이 흐르면 유독한 질소산화물이 만들어짐을 알 수 있지만, 질소산화물이 생성될 때 비릿한 냄새가 나는지는 추론할 수 없다. 따라서 답은 ①이다.

[관련 부분] 전류를 너무 많이 흘려주면 오존과 함께 유독한 질소산화물까지 만들어질 수 있기 때문에 전류의 양을 적절하게 조절하는 것이 중요하다.

오답 분석

② 1문단 3~4번째 줄과 끝에서 2~3번째 줄을 통해 음이온 공기청정기는 전기 방전을 이용하여 오존을 만드는 장치이며 외국에서 음이온 공기청정기를 오존 발생기라는 이름으로 판매함을 설명하고 있다. 따라서 음이온 공기청정기와 오존 발생기는 이름만 다를 뿐 동일한 원리로 작동되므로 두 기기 모두 전기를 활용하여 오존을 만든다는 추론은 적절하다.

[관련 부분]
- '음이온 공기청정기'라고 부르는 것은 사실 전기 방전을 이용한 오존 발생 장치다.
- 외국에서는 그런 공기청정기를 '오존 발생기(ozonizer)'라는 이름으로 판매한다.

③ 2문단 첫 문장을 통해 오존이 실내 공기 중에 있는 세균에 달라붙어 분해시킴을 알 수 있으므로 오존 발생기가 실내 공기 중의 세균을 근원적으로 해결할 수 있다는 추론은 적절하다.

[관련 부분] 화학적으로 강한 산화력을 가진 오존은 실내 공기 중에 있는 냄새나는 분자나 세균에 달라붙어서 분해시키는 화학 반응을 일으킨다.

④ 2문단 끝에서 2~3번째 줄에서 담배 냄새를 제거하는 데 탁월한 오존은 특히 공항이나 대합실의 흡연실에서 많이 사용됨을 알 수 있다. 또한 3문단 1~3번째 줄에서 오존이 사람의 호흡기나 눈에 피해를 줄 수 있음을 말하고 있다. 따라서 흡연실의 오존 발생기에 오래 노출되면 호흡기에 문제가 생길 수 있다는 추론은 적절하다.

[관련 부분]
- 오존은 담배 연기의 고약한 냄새를 만들어 내는 페놀과 같은 물질을 분해시키는 탁월한 성능을 가지고 있어서 공항이나 대합실의 흡연실에서 많이 사용한다.
- 오존을 사용하려면 오존이 사람의 눈에나 호흡기에도 피해를 줄 수 있다는 사실을 분명하게 알고 있어야 한다. ~ 오존이 많은 방에 너무 오래 있으면 건강에 해로울 수 있다는 뜻이다.

2 세부 내용 파악

정답 해설

④ 1문단 2번째 줄을 통해 로마인들이 베누스를 매우 존경하였음을 알 수 있으나, 존경한 이유는 확인할 수 없다.

[관련 부분] 로마인들은 베누스를 매우 존경해

오답 분석

① 1문단 2~3번째 줄을 통해 'venerate'는 'Venus'에서 유래했음을 알 수 있다.

[관련 부분] 또 로마인들은 베누스를 매우 존경해 그 이름에서 유래한 'venerate'라는 말은 '삼가고 경외하다'라는 뜻을 갖게 되었다.

② 2문단 마지막 문장을 통해 케스토스가 고대 로마 시대에는 '가죽으로 된 권투선수 장갑'을 가리키고, 의학자들에게는 띠처럼 생긴 촌충의 이름이 되기도 하였음을 알 수 있다.

[관련 부분] 그런데 고대 로마 시대에 들어와 케스토스는 '가죽으로 된 권투선수 장갑'으로 쓰였고, 또 의학자들은 띠처럼 생긴 '촌충(cestoid)'에 케스토스라는 이름을 붙임으로써 본디 이 단어가 갖고 있던 서정성을 퇴색시키고 말았다.

③ 3문단 마지막 문장을 통해 금성은 태양의 어느 쪽에 위치하느냐에 따라 어둠별 또는 샛별이라는 이름으로 다르게 불린다는 것을 알 수 있다.

[관련 부분] 태양의 어느 쪽에 자리잡고 있느냐에 따라 어둠별(evening star)이라 불리기도 하고, 샛별(morning star)이라 불리기도 한다.

3 글의 구조 파악

정답 해설

③ ㉠~㉢에 들어갈 접속어는 순서대로 '게다가 - 한편 - 따라서'이다.

- ㉠: ㉠의 앞에는 샌드위치 증후군은 개인에게 불안이나 강박 등 정신적인 측면에 부정적 영향을 준다는 내용이 나오고, ㉠의 뒤에는 이러한 부정적 영향들이 지속될 경우 신체적 이상 증상으로 이어질 수 있다는 내용이 제시되고 있다. 따라서 ㉠에는 앞의 내용을 보충해 주는 접속어 '게다가'가 들어가는 것이 적절하다.

- ㉡: ㉡의 앞에는 샌드위치 증후군으로 인한 정신적, 신체적 이상 증상에 관한 내용이 나오고, ㉡의 뒤에는 이러한 증상의 원인을 밝히고 있다. 따라서 ㉡에는 앞의 내용을 전환하는 접속어 '한편'이 들어가는 것이 적절하다.

- ㉢: ㉢의 앞에는 개인의 노력만으로는 샌드위치 증후군을 벗어나기 쉽지 않다는 내용이 나오고, ㉢의 뒤에는 샌드위치 증후군을 벗어나기 위해서 주변인들의 도움과 노력이 필요하다는 내용이 이어지고 있다. 따라서 ㉢에는 인과 관계를 나타내는 접속어 '따라서'가 들어가는 것이 적절하다.

DAY 06

p. 34

1 ②   **2** ③   **3** ③

1 내용 추론

정답 해설
② 제시문은 오페라의 발전 및 진화 형태와 뮤지컬의 등장 배경에 대한 내용을 다루고 있다. 특히 마지막 문장에서 오페라와 뮤지컬은 음악과 드라마를 결합했다는 점에서는 같지만, 실제 공연에서 드러나는 부분은 다르다고 언급한 것을 보아 이어질 내용으로 적절한 것은 ② '오페라와 뮤지컬의 차이'이다.

오답 분석
① 1~6번째 줄에서 이미 언급한 내용이므로 적절하지 않다.
[관련 부분] 오페라는 고대 그리스 시대의 이상을 재현하려 한 르네상스 시대의 산물로, ~ 다양한 형태로 진화하였다.
③ 끝에서 3~5번째 줄에서 이미 언급한 내용이므로 적절하지 않다.
[관련 부분] 초창기 뮤지컬은 전통적인 오페라 형식에서 벗어나 가면극이나 발라드 오페라, 벌레스크, 보디빌 등의 쇼적인 요소와 셰익스피어 연극의 기법을 적용한 것이었다.
④ 제시문에서 오페라가 쇠퇴하였다는 내용은 언급하지 않았으므로 이어질 내용으로 보기 어렵다.

2 세부 내용 파악

정답 해설
③ 2문단 첫 문장을 통해 순은은 더러운 공기 중에서 색깔이 변한다는 점을 알 수 있으나 공기가 은을 변색시키는 원리는 제시되지 않으므로 답은 ③이다.
[관련 부분] 순은의 약점 가운데 하나는 더러운 공기 중에서는 색깔이 변하는 것이다.

오답 분석
① 1문단 2번째 줄을 통해 알 수 있다.
[관련 부분] 순은에는 불순물의 독을 없애는 놀라운 효과가 있다.
② 1문단 끝에서 1~2번째 줄을 통해 알 수 있다.
[관련 부분] 은은 황금과도 비슷한 성질이 있어 신비롭게도 몸에 좋다.
④ 3문단 첫 문장을 통해 알 수 있다.
[관련 부분] 순은이 귀하게 취급된 이유는 아름답다는 이유도 있으나 황금보다는 산출이 적었기 때문이다.

3 적용하기

정답 해설
③ 제시문은 비판적 듣기의 개념과 목적, 구체적인 방법을 설명하고 있다. 상대측 토론자가 제시한 자료들의 공신력을 점검하며 듣는 것은 내용의 신뢰성을 판단하여 듣는 것이므로 ③은 비판적 듣기의 적절한 예이다.
[관련 부분] 내용의 신뢰성이란 정보나 자료의 출처가 믿을 만한 것인지에 대한 것이다. 출처가 불확실하거나 정확하지 않은 정보, 또는 인정할 수 없는 권위에 기대어 어떤 말을 인용했을 경우, 그 내용을 신뢰하기는 어려울 것이다.

오답 분석
①② 동생의 말에 관심을 표현하거나 선생님의 감정을 이해하며 듣는 것은 내용의 신뢰성이나 타당성, 공정성을 평가하며 듣는 것이 아니므로 비판적 듣기로 볼 수 없다. 참고로 상대방의 말에 관심을 표현하며 듣는 방법은 '공감적 듣기'에 해당한다.
④ 상담을 받는 학생의 표정에 주목하여 학생이 언급하지 않은 내용까지 파악하며 듣는 것은 내용의 신뢰성이나 타당성, 공정성을 평가하며 듣는 것이 아니므로 비판적 듣기로 볼 수 없다. 참고로 반언어적, 비언어적 표현을 통해 말의 함축된 의미를 파악하며 듣는 방법은 '추론적 듣기'에 해당한다.

1 ④   **2** ④   **3** ④

1 글의 전략 파악

정답 해설
④ 1문단 1~2번째 줄을 통해 일반적으로 사람들이 '플라톤'에 대해 알고 있는 사실을 제시하며 내용을 전개하고 있을 뿐, 대상(플라톤)에 대한 일반적인 통념을 반박하고 있지는 않다. 따라서 글에 대한 설명으로 적절하지 않은 것은 ④이다.

오답 분석
① 1문단에서 필자가 철학 개론 강의를 하면서 겪었던 실제 경험담을 통해 '저자에 대한 기초적인 지식을 알아야 한다'라는 논지를 전개하고 있다.
[관련 부분] 오래 전에 대학에서 철학 개론을 가르칠 때의 일인데, 어떤 학생이 "Platon과 Plato의 관계가 뭔가"를 물어온 적이 있었다. ~ 그래서 나는 같은 사람이라고 대답해 주었지만, 저자에 대해 기초적인 지식을 모를 경우 종종 생겨나는 일들이다.
② 1문단 첫 문장, 3문단 1~2번째 줄과 2~3번째 줄에서 '플라톤에 대해 인간적으로 아는 것이 있는지', '플라톤이 살았던 시기에 희랍에서 일어난 가장 중요한 사건이 무엇인지', '대한민국 역사에서 가장 중요한 사건은 무엇인지'에 대해 질문하고 스스로 답하는 형식을 취해 독자의 흥미를 불러일으키고 있다.
③ 3문단에서 '펠레폰네소스 전쟁'과 '한국전쟁'이라는 실제 역사적 사례를 제시하여 저자에 대한 기초적인 지식(그 사람이 살았던 시대의 핵심 사건)에 대해 설명하면서 내용을 구체화하고 있다.

2 내용 추론

정답 해설
④ 3문단 3~5번째 줄에서 간판은 광고의 역할을 하며, 그 광고가 상업에 긴요한 것임을 알 수 있다. '광고'가 물건을 사고팔아 이익을 얻는 일인 '상업'에 중요하다는 것은 광고를 통해 이익을 높일 수 있다는 의미이다. 따라서 광고가 게재되는 간판을 통해 수익을 얻는 상인이 늘어났기 때문에 간판을 다는 상점이 늘어난 것임을 추론할 수 있으므로 답은 ④이다.
[관련 부분] 1909년 3월 《대한매일신보》에는 간판 상점이 게재한 광고가 있는데 그 내용을 보면 간판에 대한 인식의 일부를 알 수 있다. 우선 헤드라인은 "대한에 처음 광고요 상업에 긴요하오"이다.

오답 분석
① 1문단 1~2번째 줄을 통해 개화기에 동일한 광고를 되풀이하여 게재했으며, 그 대표적인 광고가 독일상사의 금계랍 광고임을 확인할 수 있다. 그러나 광고를 반복 게재하는 목적이 국민들이 서양 문물에 익숙해지도록 하는 것에 있었는지는 추론할 수 없으므로 적절하지 않은 반응이다.
[관련 부분] 개화기에는 오랫동안 같은 광고를 되풀이해서 게재했다. 가장 대표적인 광고가 독일상사 세창양행의 금계랍 광고일 것인데
② 2문단 3~4번째 줄을 통해 광고의 중요성을 깨닫게 되면서 카피를 문어체에서 구어체로 바꾸는 변화가 일어났음을 확인할 수 있다. 그러나 광고의 카피를 구어체로 변경한 이유가 고객들에게 친근감을 유발하여 광고의 효과를 높이기 위한 것이었는지는 추론할 수 없으므로 적절하지 않은 반응이다.
[관련 부분] 카피에도 변화가 일어나는데 크게는 문어체(文語體)가 구어체(口語體)로 바뀌었다. 여러 광고를 보면 광고의 중요성을 깨닫기 시작하는 것이 드러나고 있다.
③ 2문단 끝에서 1~2번째 줄을 통해 작은 컷을 사용하는 것은 광고에 주목을 끌기 위함이고, 작은 컷을 사용하는 등의 변화는 광고의 중요성을 깨달았기 때문임을 알 수 있다. 이를 토대로 오늘날 신문에 작은 크기의 광고를 싣는 것은 주목을 끌기 위한 것임을 추론할 수 있을 뿐, 그 광고가 중요한 내용을 다루기 때문인지는 추론할 수 없으므로 적절하지 않은 반응이다.
[관련 부분] 광고의 중요성을 깨닫기 시작하는 것이 드러나고 있다. 그것은 ~ 광고에 주목을 끌기 위해 작은 컷을 사용한 점 등으로 알 수 있다.

3 논지 전개 방식

정답 해설
④ 제시문과 ④는 남의 말이나 글을 빌려 쓰는 방식인 '인용'을 사용하였다.
- 제시문: 한트게가 쓴 「피로에 대한 시론」의 내용을 빌려 성과 사회에서의 피로를 설명함
- ④: 관련 부처 관계자의 말을 빌려 실외 미세 먼지 대처 요령을 설명함

오답 분석
① 정의: '욕망의 이중적 일치'의 개념을 설명하였다.
② 인과: 부동산 대출의 비중이 크게 증가(원인)하여 우리나라의 가계 부채가 급격히 늘어나는 현상(결과)이 일어났고, 가계 부채의 급격한 증가(원인)는 정부의 시장 개입(결과)을 초래했다.
③ 대조: 개인의 권리를 보호하는 문화와 그렇지 않은 문화의 차이를 설명하였다.

정의	어떤 용어의 뜻을 분명하게 규정하여 설명하는 방식
	예 관성의 법칙은 밖에서 힘이 작용하지 않는 한 모든 물체는 지금의 상태를 그대로 유지하려고 하는 법칙을 의미한다.
인과	어떤 결과를 가져온 원인과, 그로 인해 초래된 결과에 초점을 두고 설명하는 방식
	예 제국주의 국가들의 식민지 쟁탈전은 1차 세계대전을 불러일으켰다.
대조	둘 이상의 사물들의 차이점을 밝혀내어 설명하는 방식
	예 토론은 공동의 주제에 대해 찬성과 반대의 입장으로 나뉘어 자신의 의견을 주장하거나 상대의 의견에 반박하는 것을 의미하는 반면에 토의는 공동의 주제에 대해 서로 생각과 의견을 나누는 것을 의미한다.

DAY 08

1 ③　　　**2** ①　　　**3** ③

1 관점과 태도 파악

정답 해설

③ 제시문은 토지 주인이 계속 바뀌는 것으로 보아 토지는 본래 잘 움직이고 달아나는 성질이 있으므로 토지를 영구히 소유할 수 없다고 주장하고 있다. 따라서 제시문에서 이끌어 낼 수 있는 주장으로 적절한 것은 ③이다.

[관련 부분] 1백년 사이에 주인이 바뀐 것이 문득 대여섯 번은 되었다. 심한 경우 일고여덟 번에서 아홉 번까지도 있었다. 그 성질이 흘러 움직이고 잘 달아나는 것이 이와 같다. 남에게는 금방 바뀌고 내게는 어찌 홀로 오래 그대로 있기를 바라, 이를 믿어 아무리 두드려도 깨져 없어지지 않을 물건으로 여기겠는가?

오답 분석

① 끝에서 2~4번째 줄에서 자손에게 만세의 터전을 물려주겠다고 말한 부자의 사례를 제시하고 있으나 이는 땅을 영구히 소유할 수 있다고 믿는 사람의 어리석음을 드러내기 위함일 뿐, 토지를 대물림하지 못하게 제도를 개혁해야 한다고 주장하는 것은 아니다.

[관련 부분] 부자는 밭두렁이 드넓게 이어지면 반드시 뜻에 차서 기운을 돋워 베개를 높이고 자손을 보며 말할 것이다. '만세의 터전을 내가 너희에게 준다.'

②④ 제시문과 관련이 없는 내용이다.

2 내용 추론

정답 해설

① 1문단 끝에서 1~4번째 줄을 통해 ㉠'공공재'의 특성상 비용을 지불한 사람에게만 서비스를 제공하기 어렵다는 점을 아는 사람들이 그 비용을 내지 않으려고 하기 때문에 ㉠'공공재'는 주로 정부가 생산과 공급을 담당하고 있음을 알 수 있다. 따라서 ㉠'공공재'가 민영화로 전환되어 생산될 경우 이익을 창출하기 어렵다는 추론할 수 있으므로 답은 ①이다.

[관련 부분] 국민들은 국방 서비스를 산 사람만 골라서 외적으로부터 지켜 줄 수 없다는 점을 알기에 굳이 자신이 그 비용을 지불하려 하지는 않을 것이다. 이처럼 개인이나 기업이 비용을 들여 공공재를 생산할 때 아무 비용을 지불하지 않은 사람도 비용을 지불한 사람과 함께 그 혜택을 누릴 수 있게 된다. 대부분의 공공재를 정부가 생산, 공급하는 것은 바로 이 때문이다.

오답 분석

② 1문단 끝에서 3~4번째 줄을 통해 ㉠'공공재'는 해당 서비스에 대한 비용을 지불한 사람만 골라서 제공할 수 없음을 알 수 있다. 따라서 선별적으로 대상을 선택하여 제공할 수 있다는 추론은 적절하지 않다.

[관련 부분] 국민들은 국방 서비스를 산 사람만 골라서 외적으로부터 지켜 줄 수 없다는 점을 알기에 굳이 자신이 그 비용을 지불하려 하지는 않을 것이다.

③ 2문단 1~3번째 줄을 통해 이기적인 사람은 ㉠'공공재' 생산에 드는 비용 부담에서 벗어나기 위해 ㉠'공공재'가 불필요하다고 말하지만, 다른 사람들이 ㉠'공공재'에 대한 비용을 지불하면 그 혜택을 함께 누리려고 함을 알 수 있다. 따라서 이기적인 사람들이 ㉠'공공재'를 불필요하다고 생각하여 이용하지 않는다는 추론은 적절하지 않다.

[관련 부분] 이기적인 사람은 어떤 공공재가 필요하다고 생각하면서도 필요하지 않다고 말한다. 그렇게 함으로써 공공재 생산에 드는 비용 부담에서 벗어날 수 있기 때문이다. 그런 다음 다른 사람들이 비용을 들여 공공재를 생산하면 여기에 편승해 그 혜택을 누린다.

④ 1문단 마지막 문장을 통해 ㉠'공공재'는 주로 정부가 주도하여 공급함을 알 수 있으나, 국가 운영에 필요한 예산을 충당하기 위한 수단이라는 내용은 제시문에 드러나지 않는다.

[관련 부분] 대부분의 공공재를 정부가 생산, 공급하는 것은 바로 이 때문이다.

3 글의 구조 파악

정답 해설

③ ㉢의 앞에는 재산, 권력, 지위 등과 더불어 인격과 학식도 사람 간의 층을 나누는 요인임을 설명하고, ㉢의 뒤에는 사람들 사이에 있는 층을 지층에 비유하여 설명하고 있다. 따라서 <보기>는 이러한 요인들이 복합적으로 작용하여 사람들 사이에 층이 생겨난다고 설명하고 있으므로 ㉢에 들어가는 것이 가장 적절하다.

1 세부 내용 파악

정답 해설

④ 민주주의의 역사와 관련된 내용은 제시문에 드러나 있지 않으므로 답은 ④이다.

오답 분석

① 1문단 첫 문장을 통해 민주주의의 어원에 대한 내용을 확인할 수 있다.

[관련 부분] 민주주의를 의미하는 '데모크라시(Democracy)'는 다수를 의미하는 데모스와 지배를 의미하는 크라티아를 합친 데모크라티아에서 유래한 말로,

② 1문단 3번째 줄을 통해 민주주의의 목적에 대한 내용을 확인할 수 있다.

[관련 부분] 민주주의의 핵심은 인간의 존엄성을 지키고 자유와 평등을 실천하는 것이며,

③ 2~3문단을 통해 민주주의의 4가지 원리에 대한 내용을 확인할 수 있다.

[관련 부분]
- 가장 첫 번째로 지켜져야 할 것은 국가의 의사를 결정할 수 있는 권리인 주권이 국민에게 있다는 국민 주권의 원리이다.
- 두 번째는 입헌주의로, 이는 정치적 행동의 기준은 헌법이 되어야 한다는 것이다.
- 하나의 국가기관에 권력이 집중된다면 국민의 자유와 권리가 침해될 가능성이 크다. 이를 방지하기 위해 필요한 것이 바로 권력 분립의 원리이다.
- 지방 자치의 원리도 중앙에 집중된 권한과 그로부터 파생되는 권력을 지방 자치 단체로 이전함으로써 권력 분립의 기능을 한다.

2 글의 구조 파악

정답 해설

② ㉢의 앞에는 19세기 당시 철도가 시대를 이끌며 화가들이 '기차'와 '기차역'을 그림의 대상으로 삼았음을 소개하고 있고, ㉢의 뒤에는 19세기 그림의 대상들 중 하나인 '기차역'을 설명하고 있다. 또한 ㉢의 뒤에 제시된 지시 표현 '그'는 문맥상 '기차'를 가리키므로 화가들이 '기차'를 그림의 대상으로 삼았다는 문장은 ㉢에 들어가는 것이 적절하다. 따라서 답은 ②이다.

3 내용 추론

정답 해설

③ (가)를 통해 인상주의 비평은 작가의 의도나 외적인 요인들을 고려할 필요 없이 비평가의 자유 의지로 작품을 해석하고 판단하는 것임을 알 수 있다. 따라서 인상주의 비평가가 작가의 창작 동기와 작품 내용의 연관성을 중시한다는 추론은 적절하지 않으므로 답은 ③이다.

[관련 부분] 인상주의 비평가는 작가의 의도나 그 밖의 외적인 요인들을 고려할 필요 없이 비평가의 자유 의지로 무한대의 상상력을 가지고 작품을 해석하고 판단한다.

오답 분석

① (가)를 통해 인상주의 비평은 자신의 생각과 느낌에 대하여 자율성과 창의성을 가지고 비평하는 것임을, (나)를 통해 현대의 체계 이론 미학은 자율성을 중시하는 이들이 선호하는 이론임을 알 수 있다. 따라서 인상주의 비평과 현대의 체계 이론 미학이 주체적인 해석을 강조함을 추론할 수 있다.

[관련 부분]
- 자신의 생각과 느낌에 대하여 자율성과 창의성을 가지고 비평하는 것이다.
- 이 이론은 자율성을 참된 예술의 조건으로 보는 이들이 선호할 만하다.

② (가)를 통해 인상주의 비평은 다른 저명한 비평가의 관점과 상관없이 비평가의 자율성을 가지고 비평하는 것임을 알 수 있다. 따라서 인상주의 비평이 거장의 권위를 활용한 비평을 선호하지 않음을 추론할 수 있다.

[관련 부분] 인상주의 비평은 비평가가 다른 저명한 비평가의 관점과 상관없이 자신의 생각과 느낌에 대하여 자율성과 창의성을 가지고 비평하는 것이다.

④ (나)를 통해 전통적인 철학적 미학은 정신적 내용을 미적으로 형상화하는 것이 예술의 소명이라고 생각했음을 알 수 있다. 따라서 전통적인 철학적 미학이 인간의 정신적 측면을 다룬 작품을 예술로 인정함을 추론할 수 있다.

[관련 부분] 전통적인 철학적 미학은 세계관, 인간관, 정치적 이념과 같은 심오한 정신적 내용의 미적 형상화를 예술의 소명으로 본다.

1 ④   **2** ④   **3** ④

1 주제 및 중심 내용 파악

정답 해설

④ 1문단에서는 아보카도가 세계적으로 선풍적인 인기를 얻으며 수요량이 급증하고 있음을, 2문단에서는 아보카도를 생산하고 재배하는 과정에서 물 부족 현상, 벌채, 토양오염 등 생태계가 파괴되는 점을 설명하고 있다. 이러한 제시문의 전체 내용을 포괄하는 제목으로 가장 적절한 것은 ④이다.

오답 분석

① 1문단 끝에서 2~4번째 줄을 통해 세계적으로 아보카도의 수요가 증가함에 따라 아보카도의 가격이 급등하였음을 알 수 있으나, 글 전체의 내용을 포괄하지 못하므로 제목으로 적절하지 않다.

[관련 부분] 기네스북이 생식하는 과실 중 가장 영양가 높은 과일이 아보카도라고 발표한 후 전 세계적으로 아보카도의 수요가 증가하고 있다. 근래에는 중국에서도 아보카도가 인기를 얻어 가격이 급등하였다.

② 1문단 1~2번째 줄을 통해 아보카도를 이용한 음식들이 늘어나고 있음을 확인할 수 있으나, 아보카도가 세계 음식 문화를 바꾸었는지는 알 수 없다. 따라서 제시문의 제목으로 적절하지 않다.

[관련 부분] 이와 더불어 주스, 버거, 샌드위치, 비빔밥 등 아보카도를 활용한 음식들까지 큰 인기를 얻고 있다.

③ 2문단 2~4번째 줄을 통해 아보카도 재배 시 필요한 물의 양이 상당함을 확인할 수 있으나 글 전체의 내용을 포괄하지 못하므로 제목으로 적절하지 않다.

[관련 부분] 아보카도 열매 하나를 키우기 위해서는 320L에 달하는 물이 소요되는데, 오렌지 한 개와 토마토 한 개를 키우는 데 필요한 물의 양이 각각 22L, 5L이고, 사람의 하루 권장 물 섭취량이 2L라는 점을 고려하면 엄청난 양임을 알 수 있다.

2 세부 내용 파악

정답 해설

④ 제시문을 통해 알 수 없는 내용이므로 적절하지 않다.

오답 분석

① 1문단 첫 문장을 통해 알 수 있다.

[관련 부분] 간접세는 세금을 부담한다는 의식이 비교적 미약하기 때문에 조세에 대한 저항이 약하고

② 2문단 1~3번째 줄을 통해 알 수 있다.

[관련 부분] 역진(逆進)적인 조세란 누진적인 조세에 대한 상대 개념으로서, 같은 물건을 고소득자와 저소득자가 동시에 소비하는 경우 거기에 포함되어 있는 세금이 고소득자보다는 저소득자에게 더 부담이 되는 결과를 초래하므로 소득분배의 악화를 가져올 수 있다.

③ 1문단 마지막 문장을 통해 알 수 있다.

[관련 부분] 소득의 많고 적음을 구분하지 않고 똑같은 비율의 세금을 부과하기 때문에 세부담의 공평성을 해칠 수 있어 조세 구조가 역진적 한계를 지닌다.

3 논지 전개 방식

정답 해설

④ 제시문은 종교를 해석하는 마르크스, 니체, 프로이트의 이론들의 공통점과 차이점을 설명하고 있으며, 그중 프로이트의 이론이 진리에 가장 가깝다고 말하고 있다. 따라서 <보기>의 서술 방식으로 가장 옳은 것은 ④이다.

오답 분석

①②③ 모두 제시문과 관련 없는 논지 전개 방식에 대한 설명이다.

DAY 11   p. 44

1 ①   **2** ③   **3** ①

1 내용 추론

정답 해설

① 2문단 2~4번째 줄을 통해 사진으로 여러 영역의 기록과 순간 포착이 가능케 되었고, 이로써 인간의 사유 체계가 총체적으로 변화되었음을 알 수 있다. 따라서 사진을 통해 기록의 범위가 확대되었고, 이로 인해 인류가 발전하였음을 추론할 수 있다.

[관련 부분] 사진의 등장으로 천문에서 지리, 탐험에서 관광, 사실 기록에서 순간 포착까지 인류사에 영향을 끼친 영역이 무한하다. 이는 인간의 사유 체계를 총체적으로 뒤바꾼 인식의 혁명이었다. 많은 분야에서 획기적인 진보와 변화가 일어났고,

오답 분석

② 제시문에서 다루고 있지 않은 내용이므로 추론할 수 없다.

③ 1문단 끝에서 1~2번째 줄을 통해 인류의 발전과 진보는 카메라 광학 기술의 발달로 인해 가능했음을 알 수 있다. 따라서 인간의 사유 체계 혁신이 카메라 광학 기술의 발전을 불러일으켰다는 내용은 원인과 결과가 뒤바뀐 것이므로 ③의 추론은 적절하지 않다.

[관련 부분] 인류 발전과 진보에 기여한 시각 매체가 되었다. 그것을 가능하게 만든 것이 카메라의 광학 기술이다.

④ 1문단 3~4번째 줄을 통해 사진이 이전의 역사와는 확연히 구별되는 정교한 기록성을 가지고 있음을 알 수 있다. 이는 카메라를 통한 기록이 이전의 기록 방식보다 정교하다는 것일 뿐, 카메라가 발명되기 전 인간의 경험을 기록할 수 있는 수단이 없었다는 것은 아니므로 ④의 추론은 적절하지 않다.

[관련 부분] 세상을 사실적으로 묘사하는 사진은 정교한 기록성으로 이전의 역사와 확연히 구별되는, 인류 발전과 진보에 기여한 시각 매체가 되었다.

2 세부 내용 파악

정답 해설

③ 2문단 마지막 문장과 3문단 첫 문장을 통해 기사의 주제에 따라 지면을 분류하고 배치하는 역할을 하는 사람이 편집국장임을 알 수 있으므로 ③은 적절하다.

[관련 부분]

• 50여 면에 이르는 지면을 누군가 총괄함으로써 각 지면을 주제별로 분류하고, 그 지면의 성격에 따라 기사를 빈칸 없이 배열해야 기술적으로 신문 발행이 가능하다.

• 바로 그 총괄하는 기자를 일러 편집국장이라 한다.

오답 분석

① 1문단 마지막 문장을 통해 신문사 편집국 기자들이 지면을 채울 기사를 작성한다는 것은 알 수 있지만, 기사를 제외한 나머지 영역인 광고도 제작하는지는 제시문을 통해 알 수 없다.
[관련 부분] 그런 지면 50여 면을 매일매일 빠짐없이 채워나갈 과제는 신문사 편집국 기자들에게 맡겨진다.

② 제시문을 통해 알 수 없는 내용이다.

④ 1문단 2~3번째 줄을 통해 지면에서 가로 36cm, 세로 33cm를 차지하는 것은 광고면이 아닌 기사이므로 적절하지 않다.
[관련 부분] 여기서 기본 광고면을 빼면 기사가 들어갈 부분은 가로 36cm, 세로 33cm가 된다.

3 글의 전략 파악

정답 해설

① 1문단에서 '공짜라면 양잿물도 마신다'라는 속담을 사용하여 '무료를 선호하는 현상'이 동서고금을 가리지 않고 나타나는 보편적인 현상임을 설명하고 있다. 따라서 제시문의 글쓰기 방식에 대한 설명으로 적절한 것은 ①이다.

오답 분석

②④ 제시문에서 확인할 수 없는 설명 방식이다.

③ 2문단 첫 문장에서 전문가의 의견을 인용하여 사람들이 '무료'라는 말을 들었을 때 행복한 감정이 발생하고 비합리적 의사 결정을 하게 된다는 점을 설명하고 있으나, 기존의 통념을 반박하고 있지는 않다.
[관련 부분] 전문가들은 무료라는 말을 들으면 사람들의 뇌에 신경전달물질인 도파민(dopamine)이 상당량 분비되어 행복한 감정이 발생하고 비합리적인 의사 결정을 내리게 된다고 본다.

---

1 세부 내용 파악

정답 해설

③ 3문단을 통해 지역마다 수천 명의 사제, 탁발 수도사, 수도사들이 교회의 대표자 자격으로 배치되어 교회의 통일성을 형성하고 강화하는 데 큰 역할을 하였음을 알 수 있다. 따라서 답은 ③이다.

오답 분석

① 1문단 2~5번째 줄을 통해 위계가 뚜렷했다는 점에서 교회는 로마제국의 진정한 계승자였음을 알 수 있으므로 적절하지 않다.
[관련 부분] 교회는 위계가 뚜렷했고, ~ 이런 점에서 교회는 로마제국의 진정한 계승자였다.

② 2문단 첫 문장을 통해 불안정했던 교황의 권위가 카노사에서의 사건과 1차 십자군 원정 사건으로 인해 더욱 높아졌음을 알 수 있으므로 적절하지 않다.
[관련 부분] 교황의 권위는 이전 몇 세기 동안은 종종 불안정해졌지만, 1077년에 카노사에서 있었던 극적인 사건과 4년 뒤 예루살렘 함락으로 이어진 1095년 우르바누스 2세의 1차 십자군 원정에 힘입어 11세기 말에 이르면 도저히 의심할 수 없는 것이 되어 있었다.

④ 2문단 마지막 문장을 통해 교황들이 세속의 통치자들과 힘을 겨루는 과정에서 어려움을 느꼈던 시기가 있었음을 알 수 있다. 그러나 교황이 자신의 권력을 강화하기 위해 교황권 제도를 도입하였는지는 알 수 없으므로 적절하지 않다.
[관련 부분] 교황들이 뒤이은 몇 세기 동안 세속의 통치자들과 힘을 겨루는 일에서 점점 더 어려움을 느끼게 되기는 했지만, 하나의 제도로서 교황권은 오랫동안 트론헤임에서 타오르미나까지, 리스본에서 뤼벡까지 유럽을 하나로 결속하는 막강한 힘으로 남아 있었다.

2 관점과 태도 파악

정답 해설

③ 제시문은 좋은 대화를 하는 방법에 대해 서술하고 있다. 그 방법으로 1문단 마지막 문장과 2문단 첫 문장에서 자신이 타인에게 듣고 싶었던 말을 해 주고, 청자의 입장을 잘 생각해 주어야 한다고 설명하고 있다. 그러나 이것이 곧 상대방을 기분 좋게 만드는 말을 해야 함을 의미하는 것은 아니다. 또한 제시문에서 상대방과의 갈등에 대해 언급한 부분은 확인할 수 없으므로 필자의 견해로 볼 수 없는 것은 ③이다.
[관련 부분]
• 내가 다른 사람에게 듣고 싶었던 말을 내가 먼저 해 주고,
• 가장 말을 잘하는 사람은 듣는 사람의 입장을 가장 잘 생각해 주는 사람이고,

오답 분석

① 1문단 첫 문장을 통해 필자가 사람은 누구나 자기중심적인 생각을 가지고 있다고 생각함을 알 수 있으므로, 타인보다 자신을 먼저 생각하는 것은 누구나 가지고 있는 욕구라는 내용은 필자의 견해로 볼 수 있다.

② 2문단 첫 문장을 통해 필자는 청자의 입장을 가장 잘 생각해 주는 사람이 가장 말을 잘하는 사람이라고 생각함을 알 수 있으므로, 상대를 배려하며 말하는 사람이야말로 훌륭한 화자라는 내용은 필자의 견해로 볼 수 있다.

④ 2문단 마지막 문장을 통해 필자는 상대방이 지루하고 듣기 싫은 이야기를 하더라도 상대방의 입장을 생각해서 잘 들어주는 것이 대화의 기본이라고 생각함을 알 수 있다. 따라서 원활한 대화를 위해 관심 밖의 이야기라도 경청하는 자세를 가져야 한다는 내용은 필자의 견해로 볼 수 있다.

3 내용 추론

정답 해설

④ 1문단에서는 질병을 유발하는 병원체인 세균, 진균, 바이러스의 공통점과 차이점을 밝히고 있으며, 2문단에서는 병원체의 수를 억제하고 전염병을 예방하기 위한 목적으로 사용되는 항미생물 화학제의 원리를 설명하고 그 종류에 따라 살균 효과가 다를 수 있음을 언급하고 있다. 따라서 항미생물 화학제의 종류와 살균 효과를 구체적으로 설명하는 내용이 이어지는 것이 적절하므로 답은 ④이다.

오답 분석

① 2문단 2~3번째 줄에서 이미 항미생물 화학제가 다양한 병원체에 화학 작용을 일으켜 살균한다는 원리를 제시하고 있으므로 이어질 내용으로 적절하지 않다.
[관련 부분] 항미생물 화학제는 다양한 병원체가 공통으로 갖는 구조를 구성하는 성분들에 화학 작용을 일으키므로 광범위한 살균 효과가 있다.

② 1문단에서 이미 질병을 일으키는 병원체인 세균, 진균, 바이러스의 공통점과 차이점을 밝히고 있으므로 이어질 내용으로 적절하지 않다.
[관련 부분] 질병을 유발하는 병원체에는 세균, 진균, 바이러스 등이 있다. ~ 세균과 진균은 일반적으로 세포막 바깥 부분에 세포벽이 있고, 바이러스의 표면은 세포막 대신 캡시드라고 부르는 단백질로 이루어져 있다. ~ 한편 진균과 일부 세균은 다른 병원체에 비해 건조, 열, 화학 물질에 저항성이 강한 포자를 만든다.

③ 제시문과 관련이 없는 내용이므로 적절하지 않다.

1 세부 내용 파악

정답 해설

③ 5문단 1~2번째 줄을 통해 아랫목은 낮게 설치하고, 아랫목 위가 아닌 구들장 위의 흙을 두껍게 바른다는 것을 확인할 수 있다. 따라서 아랫목을 낮게 설치하기 위해 그 위에 흙을 얇게 발랐다는 ③의 내용은 적절하지 않다.

오답 분석

① 2문단 첫 문장을 통해 확인할 수 있다.
[관련 부분] 아궁이에서 고래로 들어가면서 급경사를 이루어 높아지다가 다시 약간 낮아지는 부넘기가 있는데,

② 4문단을 통해 확인할 수 있다.
[관련 부분] 방고래 위에 놓은 넓고 얇은 돌인 구들장으로 이루어졌다. ~ 구들장을 데우고, 구들장의 복사열과 전도열로 실내를 데우는 한국 고유의 난방 장치가 온돌인 것이다.

④ 1문단 끝에서 2~3번째 줄을 통해 확인할 수 있다.
[관련 부분] 아궁이에서 불을 지피면 부넘기에서 불길이 넘어가서 불의 열기가 고래를 통하여 사이폰(Siphon, 열기를 빨아들이는 원리) 작용에 의하여 윗목의 구들장까지 덥힐 수 있도록 설계하였다.

2 주제 및 중심 내용 파악

정답 해설

① 제시문은 먹을거리가 우리의 환경, 문화, 사회와 밀접한 관련이 있음을 주장하고 있다. 따라서 글의 주장으로 가장 적절한 것은 ①이다.

오답 분석

②③ 제시문에 언급되지 않은 내용이므로 적절하지 않다.

④ 끝에서 3~5번째 줄에서 먹을거리의 선택은 개인의 기호에 따라 결정되지만 이 결정은 사회에도 밀접한 영향을 끼치기 때문에 정치적 행위로 보아야 함을 주장하고 있으므로 적절하지 않다.
[관련 부분] 개인이 무엇을 먹을지 택하는 것은 기호의 반영이라고만 볼 수도 있다. 하지만 어떤 먹을거리를 선택하느냐 하는 것은 농업은 물론 환경과 공동체에도 영향을 끼치기 때문에 그 자체로 정치적인 행위라고 보아야 한다.

3 적용하기

정답 해설

② 제시문은 필자의 작문 목적에 따라 작문 기능을 분류하고 있다. 이때 사회적인 반향을 불러일으킨 경제 기자의 칼럼은 ⓒ '사회·문화적 의미 형성에 참여'하는 작문 기능에 해당하는 예이므로 적절하다. 따라서 답은 ②이다.

오답 분석

① 지나온 세월을 돌이켜보는 정치인의 일기는 ⓔ '자신의 내면을 성찰'하는 작문 기능에 해당하는 예이므로 적절하지 않다.

③ 주재원이 본사에 업무를 요청하기 위해 보낸 메일은 ㉠ '자신의 생각과 느낌을 글로 표현하여 다른 사람과 의사소통'하는 작문 기능에 해당하는 예이므로 적절하지 않다.

④ 과제를 분석한 후 개요를 짜서 작성한 리포트는 ⓒ '글로 표현할 내용을 머릿속으로 새롭게 구성'하는 작문 기능에 해당하는 예이므로 적절하지 않다.

1 ②   **2** ③   **3** ①

1 글의 구조 파악

정답 해설

② 논리 전개에 따른 순서로 가장 적절한 것은 (나) - (가) - (라) - (다)이다.

순서	중심 내용	순서 판단의 단서와 근거
(가)의 앞	• 옥수수는 사람의 손길이 가장 많이 필요한 작물임 • 낱알이 떨어지는 곡식은 수확 시 노동의 효율성이 지극히 떨어지므로 낱알이 잘 떨어지지 않는 곡식(밀, 보리, 쌀)을 만들어 냄	-
(나)	• 옥수수는 여러 겹의 껍질이 씨앗을 보호하여 스스로 번식하지 못함 • 다 익은 원시 옥수수의 씨앗은 저절로 튀는데 이는 원주민들의 놀라운 육종 기술을 보여주는 하나의 예임	접속어 '그런데': (가)의 앞 문단의 내용(다 익어도 이삭에 그대로 붙어 있는 밀, 보리, 쌀과 같은 곡식)과 관련시키면서 옥수수만의 특이점을 설명하고 있으므로 (가)의 앞 문단 뒤에 오는 것이 적절함
(가)	옥수수의 치명적인 결함 1: 껍질이 단단해 과거에 주식으로 삼기에는 어려움이 있었음	접속어 '하지만': (나)의 내용(원주민의 우수한 육종 기술이 만들어 낸 원시 옥수수의 특징)과는 대조되는 치명적인 결함 두 가지 중 첫 번째 결함을 제시하므로 (나) 뒤에 오는 것이 적절함
(라)	옥수수의 치명적인 결함 2: 트립토판 성분이 부족하여 영양 결핍을 일으키므로, 가축 사료나 주곡의 보조 수단으로만 사용했음	키워드 '또 하나의 치명적인 약점': (가)에서 언급한 옥수수의 치명적인 결함 중 두 번째 결함에 대해 설명하므로 (가) 뒤에 오는 것이 적절함
(다)	옥수수를 주식으로 하던 중남미 사람들은 '껍질 벗기기'를 이용하여 영양 결핍을 겪지 않았음	• 접속어 '하지만': (라)에서 언급한 옥수수의 두 번째 결함(영양 결핍)을 극복한 사례를 제시하므로 (라) 뒤에 오는 것이 적절함 • 지시 표현 '이런': (라)에서 언급한 영양 결핍(펠라그라병과 같은 필수 영양소의 부족으로 인한 질환)을 가리키므로 (라) 뒤에 오는 것이 적절함

정답·해설

해커스공무원 국어 비문학 독해 333 Vol. 2

2 내용 추론

정답 해설

③ ㉠~㉢에 들어갈 말로 가장 옳은 것은 ③ ㉠ '절대성', ㉡ '당위성', ㉢ '실용적'이다.

- ㉠: ㉠의 앞뒤에서 조선이 중화와 합치되는 방향으로 발전해야 한다는 박제가의 주장을 제시하고 있다. 따라서 중화를 높게 평가하는 박제가의 인식이 드러나야 하므로 ㉠에는 '비교하거나 상대가 될 만한 것이 없는 성질'의 뜻인 '절대성'이 들어가야 한다.
- ㉡: ㉡의 앞에서 명에 대한 의리를 중시하는 주류의 의견은 시간이 지남에 따라 자연스럽게 사라지게 된 것이므로 청의 문물을 수용함으로써 얻게 되는 이익을 고려해야 한다는 박제가의 주장을 제시하고 있다. 따라서 '북학론'을 따라야 한다는 내용이 강조되어야 하므로 ㉡에는 '마땅히 그렇게 하거나 되어야 할 성질'의 뜻인 '당위성'이 들어가야 한다.
- ㉢: ㉢의 앞에서 이익을 추구하는 인간의 욕망을 긍정적으로 보았다는 박제가의 주장을 제시하고 있다. 따라서 인간의 이익 추구 욕망을 긍정적으로 바라본 박제가의 입장이 나타나야 하므로 ㉢에는 '실제로 쓰기에 알맞은 것'의 뜻인 '실용적'이 들어가야 한다.

오답 분석

- ㉠ 상대성: 사물이 그 자체로서 독립하여 존재하지 않고, 다른 사물과 의존적인 관계를 가지는 성질
- ㉡ 부당성: 이치에 맞지 않는 성질
- ㉢ 보수적: 새로운 것이나 변화를 반대하고 전통적인 것을 옹호하며 유지하려는 것

3 세부 내용 파악

정답 해설

① 제시문에서 파피루스와 양피지 제작 기술의 발전이 종이의 발명으로 이어졌다는 내용은 알 수 없으므로 답은 ①이다.

오답 분석

② 1문단 첫 문장과 1문단 끝에서 2번째 줄을 통해 알 수 있다.
[관련 부분]
- 죽간은 무겁고 부피가 커서 사용과 보관이 꽤나 어려웠을 것이다.
- 서양의 점토판은 죽간보다 훨씬 무겁고 부피가 컸다.

③ 2문단 3~4번째 줄과, 2문단 마지막 문장, 3문단 첫 문장을 통해 종이가 앞에서 설명한 양피지의 비용적인 단점을 보완할 수 있었음을 알 수 있다.
[관련 부분]
- 양피지는 파피루스보다 훨씬 좋았지만, 값은 더욱 비쌌다.
- 필기도구가 비싸서 외우기가 중요했던 사정 때문이었다.
- 그런 사정은 중국에서 종이가 발명되면서 많이 해소되었다.

④ 2문단 1~4번째 줄을 통해 알 수 있다.
[관련 부분] 그것은 점토판이나 죽간과는 비교가 되지 않게 좋은 도구였지만, 만드는 데 기술이 필요했고 품이 많이 들어서, 값이 무척 비쌌다. 기원전 3세기에 소아시아에서 처음 쓰인 양피지는 파피루스보다 훨씬 좋았지만, 값은 더욱 비쌌다.

1 세부 내용 파악

정답 해설

③ 2문단 2~3번째 줄을 통해 저작자가 저작 재산권을 제3자에게 양도할 수 있다는 것을 확인할 수 있지만, 저작자가 사망해야 저작 재산권이 제3자에게 양도된다는 것은 제시문을 통해 확인할 수 없으므로 ③의 설명은 적절하지 않다.

[관련 부분] 저작 재산권은 저작자가 전체 또는 부분적인 권리를 제3자에게 양도할 수도 있으므로,

오답 분석

① 2문단 2번째 줄을 통해 저작 인격권은 저작자에 속해 있으므로 저작자와 저작 인격권자는 동일한 사람임을 확인할 수 있다.

[관련 부분] 현행 저작권법의 규정에 따라 저작 인격권은 저작자 일신에 전속하므로 별 문제가 없지만,

② 1문단 끝에서 3~4번째 줄을 통해 개인뿐만 아니라 저작 행위에 참여한 단체와 법인도 저작자가 될 수 있음을 확인할 수 있다.

[관련 부분] 또한 자연인으로서의 개인뿐만 아니라 단체 또는 법인도 저작자가 될 수 있다.

④ 2문단 끝에서 2~3번째 줄을 통해 인원의 제한 없이 저작 행위에 참여한 사람 모두 저작자가 될 수 있음을 확인할 수 있다.

[관련 부분] 저작물의 저작자는 1인에 한정되지 않으며 2인 이상의 사상이나 감정이 하나가 되어 구체화된 공동 저작물의 경우에는 공동으로 창작한 사람 모두가 저작자가 된다.

2 내용 추론

정답 해설

④ 끝에서 4~6번째 줄을 통해 기존의 국문소설에는 평민적 사고방식이나 생활 감각이 투영되어 상층 사대부 독자층의 취향에 맞지 않았고, 이는 가문 소설의 출현 배경이 됨을 알 수 있다. 따라서 하층 문화의 자유로운 연애관이 상층 문화로 전이되어 가문 소설이 출현하였다고 추론한 ④는 적절하지 않다.

[관련 부분] 내용이나 표현이 비리(鄙俚)하거나, 고상하지 못하거나, 평민적 사고방식이나 생활 감각이 투영되었거나 해서 상층 사대부 독자층의 취향에 잘 부합되지 않았던 게 아닌가 여겨진다.

오답 분석

① 끝에서 4~6번째 줄을 통해 대부분의 국문소설에 쓰인 표현이 비리하거나 고상하지 않아 상층 사대부의 취향을 만족시킬 수 없었음을 알 수 있다. 이와 달리 가문 소설은 독자층인 상층 사대부의 취향을 반영한 소설이므로 문체가 유려하고 정제되었을 것으로 추론할 수 있다.

[관련 부분] 내용이나 표현이 비리(鄙俚)하거나, 고상하지 못하거나 ~ 상층 사대부 독자층의 취향에 잘 부합되지 않았던 게 아닌가 여겨진다.

- 비리하다: 천하고 상스럽다.
- 유려하다: 글이나 말, 곡선 등이 거침없이 미끈하고 아름답다.
- 정제되다: 정성이 들어가 정밀하게 잘 만들어지다.

② 마지막 문장을 통해 가문 소설이 기존 소설보다 더 자주 상층 가문과 궁궐을 배경으로 서술되었음을 알 수 있다. 따라서 가문 소설이 나타나기 이전에는 궁궐을 배경으로 한 소설이 흔치 않았을 것으로 추론할 수 있다.

[관련 부분] 기존의 소설과는 달리, 또는 기존의 소설보다 훨씬 더 상층 가문과 궁궐을 중심으로 벌어지는 남녀의 결연 및 그를 통한 가세(家勢)의 확장과 부귀의 성취, 그리고 그에 수반되는 제반 갈등과 음모를 취급하는 소설

③ 3~4번째 줄을 통해 가문 소설이 출현하기 이전에도 상층 사대부 여성들은 기존의 일부 소설에서도 소일거리를 찾았음을 알 수 있다. 따라서 가문 소설 등장 전에도 상층 사대부 여성들이 평소에 소설을 읽었을 것으로 추론할 수 있다.

[관련 부분] 상층 사대부 여성들이 기존의 일부 소설에서도 소일거리를 찾았다는 점을 지적할 필요가 있다.

- 소일거리: 그럭저럭 세월을 보내기 위하여 심심풀이로 하는 일

3 논지 전개 방식

정답 해설

③ 제시문은 '산업 혁명'이라는 대상을 '기술적·조직적·경제적·사회적인 면' 등, 영역별로 구분하여 각각의 특징에 대해 설명하고 있다. 따라서 논지 전개 방식으로 적절한 것은 ③이다.

- 구분: 어떤 대상이나 생각들을 비슷한 특성에 따라 상위 항목을 하위 항목으로 나누어 진술하는 방식

DAY 16

1 ③　　　　**2** ③　　　　**3** ①

1 관점과 태도 파악

정답 해설

③ 3문단 1~2번째 줄에서 필자는 '나'와 달리 밭과 집은 '지고 달아날 자'가 없어 지킬 필요가 없다고 말한다. 따라서 재산은 지고 달아날 수 없는 물리적 특성으로 인해 지키기 쉽다는 ③의 내용은 필자의 견해와 일치한다.

[관련 부분] 내 밭을 지고 달아날 자가 있는가. 밭은 지킬 필요가 없다. 내 집을 지고 달아날 자가 있는가. 집도 지킬 필요가 없다.

오답 분석

① 4문단 첫 문장에서 '나(자아)'는 달아나기를 잘하여 일정한 법칙이 없다고 하였으므로 자아가 균일한 규칙성을 가져 포착하기 쉽다는 설명은 필자의 견해와 일치하지 않는다.

[관련 부분] 그런데 오직 나라는 것만은 그 성품이 달아나기를 잘하여, 드나드는 데 일정한 법칙이 없다.

② 3문단 끝에서 2번째 줄에서 성현의 경전이 이미 널리 퍼져 흔하다고 하였으므로 성현의 경전이 희소하여 다음 세대에 전수하기 어렵다는 설명은 필자의 견해와 일치하지 않는다.

[관련 부분] 성현의 경전이 세상에 퍼져 물이나 불처럼 흔한데, 누가 능히 없앨 수가 있겠는가.

④ 4문단 3~4번째 줄에서 마음을 울리는 아름다운 음악 소리만 들어도 '나(자아)'가 떠날 수 있다고 하였으므로 감동을 주는 음악을 듣는 것이 자아를 발견하는 방법 중 하나라는 설명은 필자의 견해와 일치하지 않는다.

[관련 부분] 마음을 울리는 아름다운 음악 소리만 들어도 떠나가며,

2 내용 추론

정답 해설

③ 4문단을 통해 최근 앞서가는 동물원은 인위적으로 만든 기존 동물원의 문제점을 개선하기 위해 동물원 내의 공간과 환경을 바꾸고 있다는 것을 알 수 있으나 생태계를 복원하고 있는지는 확인할 수 없다. 따라서 답은 ③이다.

[관련 부분]
• 최근 앞서가는 동물원은 이러한 상황에 대해 문제의식을 가지고 근본적인 방향 전환을 꾀하고 있다.
• 그러한 흐름에 맞춰 동물원 내의 공간 구조와 생활환경을 바꾸고 있는데, 이를 '환경 및 행동 풍부화'라고 한다.

오답 분석

① 2문단 마지막 문장을 통해 동물원에서 동물들이 끼니마다 제공되는 식사에 길들여질 경우 오히려 야성을 잃을 수 있음을 알 수 있다. 따라서 동물원의 동물은 직접 먹이를 구하는 능력을 잃어버릴 수 있음을 추론할 수 있다.

[관련 부분] 좁은 울타리 안에서 안정적으로 제공되는 식사에 길들여져 야성을 잃기도 한다.

② 3문단 1~2번째 줄을 통해 덥거나 추운 지역에서 살던 동물들이 기존의 환경과 다른 곳에서 생활하기 어려워한다는 점을 알 수 있다. 따라서 사막이나 북극에 살던 동물들은 사계절이 존재하는 우리나라 동물원에서 적응하기 힘들 것임을 추론할 수 있다.

[관련 부분] 열대 지역과 한대 지역 출신 동물들은 반대 계절을 맞을 때마다 고초를 겪는다.

④ 1~2문단을 통해 인간의 시각적 욕망을 충족시키기 위해 만들어진 동물원은 동물들의 고유한 생활환경을 고려하지 않고 인위적으로 통합하여 동물들을 배치하는 감금·억압하는 장소로 사용하고 있음을 알 수 있다. 따라서 생활환경이 다른 동물을 한곳에 배치하는 동물원은 인간의 이기심으로 만들어진 곳임을 추론할 수 있다.

[관련 부분]
• 시각적 욕망을 위해 만들어진 시설이 동물원이다.
• 동물의 입장에서 동물원은 무엇인가? 감금과 억압의 장소인 경우가 많다. 대부분의 동물원에서는 종(種)별로 지닌 고유한 생활권을 무시하고 인위적으로 통합하여 동물들을 배치해 놓고 있다.

3 주제 및 중심 내용 파악

정답 해설

① 필자는 보수가 지키려는 대상, 보수의 사고방식 등 보수의 특성을 설명하고 이를 바탕으로 보수가 지닌 강점(경쟁력)인 단결성, 단일한 위계질서의 수립, 이해타산 능력 등을 제시하고 있다. 따라서 글의 주제로 적절한 것은 ① '보수의 특성과 강점'이다.

18 해커스공무원학원·공무원인강 gosi.Hackers.com

1 세부 내용 파악

정답 해설

④ 1문단 마지막 문장을 통해 일본의 식민지를 거치면서 '창조'가 우리나라에서 사용되었음을 알 수 있고, 2문단 끝에서 1~2번째 줄을 통해 '창의'는 미국식 심리학 및 교육학의 영향을 받아 우리나라에서도 사용되었음을 알 수 있다.

[관련 부분]
• 일본의 식민지를 거치면서 한국도 창조라는 표현을 사용하기 시작한다.
• 미국식 심리학·교육학이 한국 교육계 일반에 확대되면서 창의라는 표현이 대세가 된다.

오답 분석

① 4문단 끝에서 2~3번째 줄을 통해 오늘날 심리학·교육학에서는 여전히 '창조'보다는 '창의'를 더 많이 사용함을 알 수 있으므로 적절하지 않다.
[관련 부분] 그러나 심리학·교육학에서는 지금도 여전히 'creativity'의 번역어로 창조보다는 창의를 사용한다.

② 1문단 1~2번째 줄과 2문단 마지막 문장을 통해 일본에서 '창조'는 'creativity', '창의'는 'originality'의 번역어임을 알 수 있으므로 적절하지 않다.
[관련 부분]
• 창조는 ~ 'creativity'의 번역어였다.
• 일본의 경우 창의는 'originality'에 대응하는 번역어다.

③ 3문단 첫 문장을 통해 종교적 성격이 강한 단어는 '창의'가 아닌 '창조'임을 알 수 있으므로 적절하지 않다.
[관련 부분] 한국에서 창의라는 표현을 더 선호한 또 다른 이유는 창조라는 표현이 가지고 있는 종교적 의미 때문이다.

2 논리적 사고

정답 해설

② 제시문과 ②는 모두 일반적인 원리(대전제)에서 구체적인 주장(결론)을 이끌어 내는 '연역 추론'의 논증 방식을 사용하였다.
• 제시문
 - 대전제: 습지는 다양한 생물들의 보금자리이므로, 습지가 없으면 생물들도 사라진다.
 - 소전제: 간척 사업 등 무분별한 개발로 우리나라의 습지가 사라지고 있다.
 - 결론: 습지를 보호하지 못한다면 우리나라의 습지에 사는 생물들은 멸종될 것이다.

• ②
 - 대전제: 미합중국의 헌법은 모든 시민의 투표권을 보장하고 있다.
 - 소전제: 미국 여성 역시 미국의 시민이다.
 - 결론: 미국 여성은 투표에 참여할 권리가 있다.

오답 분석

① 망가진 물건을 오래 방치하면 고칠 수 없다는 일상적인 경험을 근거로 사람이 잘못을 알고도 즉각 고치지 않으면 나쁜 사람이 된다고 추리하는 '유비 추론'의 논증 방식을 사용하였다.

③ 배달 기사들의 업무 환경에 관한 여러 사실들을 제시하여 배달 기사들이 열악한 노동 환경에 처해있다는 결론을 이끌어 내는 '귀납 추론'의 논증 방식을 사용하였다.

④ 정(正), 반(反), 합(合)의 단계를 통해 더 나은 상태를 이끌어 내는 '변증 추론'의 논증 방식을 사용하였다.
• 정(正): 동양 문명은 정신적인 측면에서 우수함
• 반(反): 동양 문명은 물질적인 측면에서 서양 문명에 열세함
• 합(合): 동양 문명의 유교적 질서를 바탕으로 서양의 기술을 받아들여 자강을 이룰 수 있음

비문학 지식 암기노트	
연역 추론	일반적인 사실이나 원리에서 개별적이고 구체적인 사실이나 현상을 이끌어 내는 방법
유비 추론	두 사물 간의 유사성에 근거하여 결론을 이끌어 내는 방법
귀납 추론	개별적이고 특수한 사실이나 현상들을 점검하고, 사례들의 공통점을 바탕으로 일반적인 결론을 이끌어 내는 방법
변증 추론	특정 사물이나 대상의 발전 단계에서 기존 요소(정)와 새로운 요소(반)가 갈등하고 그 갈등을 해결하는 과정에서 더 나은 상태(합)를 이끌어 내는 방법

3 내용 추론

정답 해설

④ 제시문을 통해 진화고고학은 인간의 삶이 자연환경에 적응하기 위한 선택이라고 보는 진화론에 따라 역사를 설명하고 있음을 알 수 있다. 따라서 마지막에 제시된 '후대로 갈수록 토기 두께가 얇아지고 곡물의 전분 함량이 증가했다'라는 내용 뒤에 자연환경에 대한 인간의 적응 관점(진화론)을 설명하는 ④가 이어지는 것이 적절하다.

오답 분석

①②③ '토기 두께가 얇아지고 곡물의 전분 함량이 증가했다'라는 사실을 진화론의 관점으로 설명하지 않았기 때문에 뒤에 이어질 내용으로 적절하지 않다.
① '기술 발전'의 관점으로 설명하고 있다.
② '사회 성장'의 관점으로 설명하고 있다.
③ '문화 교류'의 관점으로 설명하고 있다.

DAY 18

p. 58

1 ②   **2** ④   **3** ④

1 관점과 태도 파악

정답 해설

② <보기>의 필자는 2문단 1~3번째 줄에서 고등학생들이 과학을 포기하는 현상은 학생들의 잘못이 아니라 과학을 제대로 가르치지 않는 학교와 과학의 중요성을 인식하지 못하는 사회의 잘못임을 주장하고 있다. 따라서 비판 대상으로 가장 옳지 않은 것은 ② '과학을 일찌감치 포기해 버리는 학생들'이다.

[관련 부분] 고등학생의 70퍼센트가 처음부터 과학을 포기하고 있다. 물론 학생들의 잘못이 아니다. 과학의 중요성을 제대로 인식하지 못하는 사회의 책임도 크지만, 과학을 제대로 가르쳐주지 못하는 학교의 잘못이 더 크다.

오답 분석

① 2문단 2번째 줄을 통해 알 수 있다.

[관련 부분] 과학의 중요성을 제대로 인식하지 못하는 사회의 책임도 크지만,

③ 2문단 2~3번째 줄과 끝에서 2~3번째 줄을 통해 알 수 있다.

[관련 부분]
- 과학을 제대로 가르쳐주지 못하는 학교의 잘못이 더 크다.
- 문과 학생들에게는 ~ 과학자가 되겠다는 이과 학생들을 위해 마련한 과학의 앞부분만 적당히 가르치면 충분하다고 생각하는 것이다.

④ 1문단 2~4번째 줄을 통해 알 수 있다.

[관련 부분] "과학이 과학자의 전유물이 되어서는 안 된다"라고 외치면서 ~ 과학은 과학자들이나 관심을 가지면 된다고 굳게 믿고 있는 것이다.

2 내용 추론

정답 해설

④ 3문단에서 영화의 이미지 생산은 기술적으로 자동화되어 있지만, 만화는 수작업의 과정에서 작가의 개인적인 해석이 그림 스타일과 터치 등에 나타난다고 설명하고 있다. 따라서 ⊙'서명된 이미지'는 영화에 비해 작가의 개성이 뚜렷하게 나타나는 만화의 특성을 의미하는 것임을 추론할 수 있으므로 적절한 것은 ④이다.

오답 분석

① 2문단 2~4번째 줄을 통해 만화의 칸에는 그림뿐 아니라 말풍선이나 언어적·비언어적 표현을 자유롭게 담을 수 있으므로 만화를 읽는 독자의 속도가 균일하지 않음을 추론할 수 있다. 그러나 이는 ⊙'서명된 이미지'에 해당하는 만화의 특성은 아니므로 적절하지 않다.

[관련 부분] 만화에는 한 칸 내부에 그림뿐 아니라, 말풍선과 인물의 심리나 작중 상황을 드러내는 언어적·비언어적 정보를 모두 담을 수 있는 자유로움이 있다. 그리고 그것이 독자의 읽기 시간에 변화를 주게 된다.

② 1문단 끝에서 2~3번째 줄을 통해 독자가 만화의 정지된 이미지에 상상을 더하여 움직임을 만들어 내므로 만화는 독자들의 상상력으로 재창조됨을 추론할 수 있다. 그러나 이는 ⊙'서명된 이미지'에 해당하는 만화의 특성은 아니므로 적절하지 않다.

[관련 부분] 독자는 정지된 이미지에서 상상을 통해 움직임을 끌어낸다.

③ 2문단 1~2번째 줄을 통해 만화는 물리적 시간의 부재를 크기와 모양이 다양한 만화의 칸을 활용하여 극복함을 추론할 수 있다. 그러나 이는 ⊙'서명된 이미지'에 해당하는 만화의 특성은 아니므로 적절하지 않다.

[관련 부분] 만화는 물리적 시간의 부재를 공간의 유연함으로 극복한다. 영화 화면의 테두리인 프레임과 달리, 만화의 칸은 그 크기와 모양이 다양하다.

3 세부 내용 파악

정답 해설

④ 3문단 끝에서 1~2번째 줄을 통해 유명론자들은 보편 개념이 따로 존재하지 않는다고 주장함을 알 수 있다. 따라서 유명론이 사물에 대한 올바른 인식을 통해 보편 개념의 실재를 증명했다는 ④'주희'의 설명은 적절하지 않다.

[관련 부분] 유명론자가 보기에 보편 개념이란 따로 존재하는 게 아니다. 따라서 그들에게는 개별 사물을 정확하게 아는 것이 올바른 인식에 꼭 필요하다.

오답 분석

① 1문단 끝에서 2~3번째 줄과 2문단 1~2번째 줄을 통해 경험주의는 자연 과학의 영향을 받아 확립되었음을 알 수 있다.

[관련 부분]
- 경험주의자들은 당연하게 여겨 온 것을 그대로 받아들이길 거부했으며, 모든 것을 실험과 관찰, 경험에 근거해서 인식하려 했다.
- 이 새로운 흐름이 만들어진 데는 두 가지 요인이 작용했다. 하나는 케플러, 갈릴레이, 뉴턴 등에 의해 본격적으로 확립된 자연 과학이었다.

② 1문단 1~3번째 줄을 통해 알 수 있다.

[관련 부분] 이성주의 철학은 중세적인 사고방식에 대한 엄청난 문제 제기였고, ~ 경험주의 역시 중세적인 사고방식에 의문을 던진 것이었다.

③ 1문단 끝에서 1~3번째 줄을 통해 알 수 있다.

[관련 부분] 경험주의자들은 당연하게 여겨 온 것을 그대로 받아들이기 거부했으며, ~ 따라서 실험과 관찰, 경험에서 벗어난 신학적 개념들은 더는 중세에 누리던 절대적 권위를 유지할 수 없었다.

DAY 19

p. 61

1 ④   **2** ④   **3** ②

1 글의 전략 파악

정답 해설

④ 1문단에서 부모와 자녀 간의 보편적 상황을 제시하여 독자의 공감을 이끌어 내고 있으나, 필자의 개인적 경험은 나타나지 않으므로 적절하지 않다.

오답 분석

① 3문단에서 'empathy'의 어원을 밝혀 공감의 의미를 설명하고 있다.

[관련 부분] 'empathy'는 그리스어 'empatheia'에 어원을 두고 있다. 이 단어는 '안(in)'이라는 의미를 갖는 접두사 'em'과 느낌(feeling)이라는 의미의 'pathos'가 합쳐져 그 사람의 느낌 속으로 들어간다는 의미를 갖고 있다.

② 5문단에서 공자의 말을 인용하여 공감의 중요성에 관한 필자의 견해를 뒷받침하고 있다.

[관련 부분] 공자는 원만한 인간관계의 황금률로 상대방의 처지에서 생각해 보는 '역지사지(易地思之)'를 들었으며 모든 관계의 갈등은 역지사지의 부족에서 생긴다고 설파했다.

③ 1문단 마지막 문장과 2문단 첫 문장에서 스스로 묻고 답하는 방식을 사용하여 독자의 흥미를 유발하고 있다.

[관련 부분]
- 아이들은 왜 그런 말에 거부감을 느낄까?
- 사람들은 옳은 말을 하는 사람보다 자신을 이해해 주는 사람을 더 좋아한다.

2 세부 내용 파악

정답 해설

④ 2문단 2~4번째 줄을 통해 과거 우리나라에 한자가 수입된 후 문자를 이용하여 중국과 교류한 사람들이 전문가였다는 사실을 고려한다면 한자어는 전문어나 학술어 같은 추상어에만 사용되는 것이 마땅함을 확인할 수 있다. 그러나 오늘날 전문 분야에서의 한자어 사용이 불가피하여 우리말로 대체해서 사용할 수 없다는 내용은 제시문에서 확인할 수 없다. 따라서 적절하지 않은 것은 ④이다.

오답 분석

① 2문단 1~2번째 줄과 끝에서 1~3번째 줄을 통해 확인할 수 있다.

[관련 부분]
- 왜 일상에서 사용하는 기초적인 어휘까지 한자가 차지하고 있을까?
- 아주 기본적인 서술하는 말, 꾸미는 말 ~ 한자어가 그 역할을 대신하고 있는 현실과 마주하게 된다.

② 1문단 1~2번째 줄을 통해 확인할 수 있다.

[관련 부분] 이미 일상에서 너무나 익숙하게 사용하고 있어서 이제는 그것이 '메이드 인 차이나'인지조차 인식하지 못하는 말이 참 많다.

③ 3문단을 통해 확인할 수 있다.

3 내용 추론

정답 해설

② 2문단 1~3번째 줄을 통해 미적 무관심성이란 대상이 지닌 내재적인 미적 형식만으로 미적 가치를 판단하는 것임을 알 수 있다. 따라서 미적 무관심성을 통해 삶의 진리를 발견할 수 있다는 추론은 적절하지 않다.

[관련 부분] 평소에 중요하게 여겨지던 것들이 이때에는 철저히 관심 밖으로 밀려나고, 오직 대상의 내재적인 미적 형식만이 관심의 대상이 된다. 이러한 마음의 작동 방식을 가리키는 개념어가 '미적 무관심성'이다.

오답 분석

① 2문단 1~3번째 줄을 통해 평소와 다르게 미적 무관심성이 작동하여 대상의 아름다움을 느끼는 순간이 특별한 순간임을 알 수 있다. 따라서 미적 무관심성은 일상에서 흔하게 작동되지 않음을 추론할 수 있다.

[관련 부분] 가끔씩 우리는 이렇게 평소와는 매우 다른 특별한 순간들을 맛본다. ~ 오직 대상의 내재적인 미적 형식만이 관심의 대상이 된다. 이러한 마음의 작동 방식을 가리키는 개념어가 '미적 무관심성'이다.

③ 3문단을 통해 미적 무관심성이 극단적으로 추구될 경우 예술의 고유 가치가 진리나 선과 같은 가치 영역들과 조화를 이룰 수 없고 예술의 지적·실천적 역할이 도외시되어 비판 받을 수 있음을 알 수 있다. 따라서 미적 무관심성이 지나칠 경우, 예술의 고유한 가치에만 편중된 사고방식으로 이어질 수 있음을 추론할 수 있다.

[관련 부분] 우리는 그것이 극단적으로 추구될 경우에 가해질 수 있는 비판을 또한 존중하지 않을 수 없다. ~ 예술의 고유한 가치는 진리나 선과 같은 가치 영역들과 유기적인 조화를 이룰 때 더욱 고양된다. 요컨대 예술은 다른 목적에 종속되는 한갓된 수단이 되어서도 안 되겠지만, 그것의 지적·실천적 역할이 완전히 도외시되어서도 안 된다.

④ 2문단 1~2번째 줄을 통해 미적 무관심성은 평소 중요하게 여기는 것들에 관심을 두지 않고, 오직 대상의 내재적인 미적 형식만 관심의 대상으로 여김을 알 수 있다. 따라서 미적 무관심성은 대상의 외재적인 요소를 배제한 채 가치를 판단함을 추론할 수 있다.

[관련 부분] 평소에 중요하게 여겨지던 것들이 이때에는 철저히 관심 밖으로 밀려나고, 오직 대상의 내재적인 미적 형식만이 관심의 대상이 된다.

1 주제 및 중심 내용 파악

정답 해설

① 필자는 건축이 개인적 차원은 물론 사회 전체의 기풍과 정신 수준, 경제까지 사회 다방면에 영향을 미친다고 말하고 있다. 따라서 필자가 궁극적으로 강조하는 내용으로 가장 적절한 것은 ①이다.

오답 분석

② 끝에서 2번째 줄을 통해 건축의 영향력을 사회 전체의 기풍과 정신 수준으로 확장시킬 수 있음을 알 수 있으나, 건축을 통해 사회의 분위기를 긍정적으로 조성해 나가야 한다는 내용은 확인할 수 없으므로 적절하지 않다.

[관련 부분] 사회 전체의 기풍과 정신 수준으로 확장시킬 수 있다.

③ 1~2번째 줄을 통해 건물이 불특정 다수에게 항상 노출되고 있음을 알 수 있으나, 이로 인해 건물의 외벽을 지속적으로 관리해야 한다는 내용은 확인할 수 없으므로 적절하지 않다.

[관련 부분] 가장 많은 수의 불특정 다수에게 늘 노출되어 있다.

④ 끝에서 2번째 줄을 통해 건축이 경제도 좌지우지할 만큼 큰 영향력을 가지고 있음을 알 수 있다. 이를 통해 건축으로 돈을 벌 수 있다는 내용은 짐작할 수 있으나, 가치관을 실현할 수 있다는 내용은 확인할 수 없으므로 적절하지 않다.

[관련 부분] 또한 경제도 좌지우지한다.

2 세부 내용 파악

정답 해설

② 4문단 1~2번째 줄을 통해 사역원의 학생 정원 수와 외교 관계의 중요성이 비례했음을 알 수 있다. 여진어를 배우는 학생 수가 20명, 일본어를 배우는 학생 수와 몽고어를 배우는 학생 수가 각 10명이므로 조선이 일본과 몽고보다 여진과의 외교 관계를 더 중요하게 여겼다는 설명은 적절하다. 따라서 답은 ②이다.

[관련 부분] 사역원의 학생 수는 75명이 정원이었다. 이 가운데 중국어가 가장 많은 35명, 그 밖에 몽고어 10명, 여진어 20명, 일본어 10명이었다. 학생 정원은 외교 관계의 중요성에 비례했다.

오답 분석

① 3문단 2~3번째 줄을 통해 사역원에 담당 교수가 배정된 외국어는 중국어뿐이며 몽고어, 일본어, 여진어는 각각 훈도만 2명씩 두었음을 알 수 있으므로 적절하지 않다.

[관련 부분] 조선시대의 편제를 보면 중국어 교수 4명, 훈도 4명, 그리고 몽고어, 일본어, 여진어 교육을 위해 훈도를 각 2명씩 두었다.

③ 제시문을 통해 알 수 없는 내용이다.

④ 1문단 첫 문장을 통해 고려나 조선에서 평민(일반인)들을 위한 외국어교육이 없었음을 알 수 있으므로 적절하지 않다.

[관련 부분] 고려나 조선의 외국어교육에서 특징적인 것은 전문 통역관을 양성하기 위한 교육은 있었지만 일반인들을 위한 외국어교육은 없었다는 사실이다.

3 내용 추론

정답 해설

④ 제시문은 마르크스의 경제적 결정론을 설명하고 있다. ① '먹는 것', ② '토대', ③ '생산 수단'은 경제적이며 물질적인 '하부 구조'를 의미하는 어휘이지만 ④ '의식'은 정치, 사상, 도덕, 문화 등과 같이 '하부 구조'의 변화에 따라 바뀌는 '상부 구조'를 뜻한다. 따라서 문맥적 의미가 다른 하나는 ④이다.

DAY 21

p. 66

1 ③   **2** ③   **3** ②

1 내용 추론

정답 해설

③ 3문단을 통해 기사형 광고는 매체 이용자들이 광고임을 인식할 수 없도록 제품명을 기재하지 않지만, 출시일과 가격 등 제품 정보는 광고 내에 이미 삽입하고 있음을 알 수 있다. 따라서 기사와 다르게 보이도록 광고 내에 제품 정보의 기입을 유도하는 것이 바람직하다는 ③은 시사점으로 적절하지 않다.

오답 분석

① 2문단을 통해 검색 광고는 검색어와 관련된 광고들이 검색 결과와 함께 노출되어 이용자들이 광고를 유용한 정보로 착각하게 함을 알 수 있다. 따라서 매체 이용자들이 검색 광고를 인지하여 회피할 수 있도록 검색 결과와 광고가 노출되는 구역을 분리시키는 것이 바람직하다는 ①은 시사점으로 적절하다.

② 1문단 끝에서 1~2번째 줄을 통해 광고를 회피하려는 매체 이용자들에 대응하여 이용자들이 정보와 광고를 구분할 수 없게 하는 새로운 광고 기법들이 개발되는 상황임을 알 수 있다. 따라서 매체 이용자들이 광고를 회피하기보다는 정보와 광고를 구분할 수 있는 비판적 안목을 길러야 한다는 ②는 시사점으로 적절하다.

[관련 부분] 매체 이용자들은 이러한 광고를 불필요한 정보로 판단해 회피하는 경향이 있다. 이에 대응하여 매체 이용자들이 거부감 없이 광고를 수용하도록 하는 새로운 광고 기법이 등장하고 있다.

④ 제시문은 검색 광고, 기사형 광고 등 새로운 광고 기법들이 매체 이용자들에게 광고가 유용한 정보인 것처럼 착각하게 만든다고 설명하고 있다. 따라서 매체 이용자들의 피해를 막기 위해 광고임을 명확히 표시하게 하는 제도를 보완하는 것이 바람직하다는 ④는 시사점으로 적절하다.

[관련 부분]
• 검색 결과와 비슷한 형태로 제시되므로 이용자들에게 마치 유용한 정보인 것 같은 착각을 일으킨다.
• 전문가 인터뷰나 연구 자료 인용을 통해 유용한 정보를 제공하는 것처럼 꾸며 독자의 관심을 끈다.

2 세부 내용 파악

정답 해설

③ 2문단 1~2번째 줄과 3~4번째 줄을 통해 기업이 사회적 책임을 다하도록 영향력을 행사하는 것이 정부와 시민사회의 역할임을 알 수 있다. 따라서 답은 ③이다.

[관련 부분]
• 기업이 제 길을 가도록 압박하는 일은 언제나 시민사회와 정부의 몫이었다.
• 기업이 사회적 책임을 다하도록, 수익이 아닌 다른 가치와 우선순위를 고려하여 행동하도록 지속적으로 압박할 수 있다.

오답 분석

① 1문단 첫 문장을 통해 일자리의 양과 질을 개선하는 것이 기업의 역할이라는 것을 알 수 있으나, 더 많은 일자리 창출을 위해 정부가 노력해야 한다는 내용은 제시문에 언급되지 않았으므로 적절하지 않다.

[관련 부분] 기업은 일자리와 소득의 양과 질을 개선하고, 좋은 기업 시민으로서 행동해야 한다.

② 4문단을 통해 기업은 공동체를 단합시키거나 경제 구조를 변화시키는 일에 적합하지 않음을 확인할 수 있으므로 적절하지 않다.

[관련 부분] 기업은 공동체의 단합을 재건하거나, 사람들이 서로 돌봐주는 방식을 강화하거나, 경제 구조 자체에 근본적인 변화를 추동하는 일에 적합한 조직이 아니다.

④ 3문단을 통해 사회변혁은 기업의 행동이 시민사회에 가까워져야 가능한 것임을 알 수 있으므로 적절하지 않다.

[관련 부분] 진정한 사회변혁은 기업의 행동 양식이 더욱 시민사회에 가까워질 때에만 가능하다. 시민사회를 기업처럼 행동하게 해서는 안 된다.

3 글의 구조 파악

정답 해설

② ㉠~㉢에 들어갈 접속어는 순서대로 '즉 -그런데 -그리고'이다.

• ㉠: ㉠의 앞에는 한·중·일이 공유하는 한자 문화를 국어 정책에 어떻게 수용할 것인지에 대한 논란이 있다는 내용이 나오고, ㉠의 뒤에는 그 논란에 대한 한자 문화의 특수성을 고려해야 한다는 입장과 다른 외래어와 같은 방식으로 처리해야 한다는 입장을 설명하고 있다. 따라서 ㉠에는 앞의 내용에 구체적인 설명을 덧붙일 때 쓰이는 '즉'이 들어가는 것이 적절하다.

• ㉡: ㉡의 앞에는 한자 문화를 국어 정책에 수용할 때 한자 문화의 특수성을 고려해야 하는지에 대한 찬반 논란이 있다는 내용이 나오고, ㉡의 뒤에는 이러한 논란이 외래어 표기법을 제정할 때부터 있었다는 점을 설명하고 있다. 따라서 앞의 내용의 화제와 관련되면서도 다른 방향으로 글을 전개할 때 쓰이는 '그런데'가 들어가는 것이 적절하다.

• ㉢: ㉢이 포함된 문장은 한자와 한자 문화권이 우리에게 어떤 의미인지에 대해 판단하는 과정은 우리말의 범위와 정체성을 확인하는 일이므로 ㉢에는 앞과 뒤의 내용을 동등한 자격으로 연결할 때 쓰이는 '그리고'나 '또한'이 들어가는 것이 적절하다.

정답·해설

해커스공무원 국어 비문학 독해 333 Vol. 2

1 ③　　**2** ④　　**3** ②

1 글의 전략 파악

정답 해설

③ 제시문은 대학 교육 수익률을 계산하는 과정을 구체적으로 설명하고 있지만 수치를 대입하여 계산하고 있지는 않다. 따라서 답은 ③이다.

오답 분석

① 3번째 줄에서 교육 수익률을 정의하여 그 개념을 설명하고 있다.
[관련 부분] 교육 수익률은 교육을 위하여 투자한 비용에 대하여 교육 때문에 얻은 이익의 비율이다.

② 3~4번째 줄에서 이해를 돕기 위해 교육 수익률의 한 종류인 대학 교육 수익률을 구체적 사례로 제시하고 있다.
[관련 부분] 예컨대 대학 교육의 수익률을 알기 위해서는 대학 교육 때문에 얻은 이익을 먼저 계산한다.

④ 마지막 문장에서 대학 교육 수익률을 산출하는 데 고려해야 하는 요소들을 종합하여 비용에 포함되는 요소들을 요약적으로 전달하고 있다.
[관련 부분] 그러므로 비용은 등록금 등의 직접 비용과 대학에 다니기 때문에 포기한 소득의 기회비용을 합한 것이다.

2 세부 내용 파악

정답 해설

④ 1문단 마지막 문장을 통해 알칼리 이온 음료는 땀과 함께 배출된 나트륨 양이온을 보충함으로써 갈증을 해소해 줌을 알 수 있다. 따라서 알칼리 이온 음료가 혈액의 pH 농도를 조절하여 갈증을 해소해 준다는 ④의 설명은 적절하지 않다.
[관련 부분] 알칼리 이온 음료는 소금물에 당분을 넣어서 소금의 불쾌한 짠맛이 느껴지지 않도록 만들어서 부족한 나트륨 양이온을 쉽게 보충해 준다.

오답 분석

① 1문단 끝에서 2~3번째 줄을 통해 확인할 수 있다.
[관련 부분] 땀을 많이 흘린 후에 물을 아무리 마셔도 갈증이 가시지 않는 것은 땀과 함께 나트륨 양이온이 너무 많이 배출됐기 때문이다.

② 2문단 3번째 줄을 통해 확인할 수 있다.
[관련 부분] 링거액은 누구에게나 똑같은 것을 사용하는 것만 봐도 알 수 있다.

③ 2문단 2번째 줄과 끝에서 2번째 줄을 통해 확인할 수 있다.
[관련 부분]
• 사람의 체질을 '산성'과 '알칼리성'으로 나누는 것은 전혀 근거가 없다.
• 사람 혈액의 pH는 인종, 성별, 나이에 상관없이 중성에 가까운 7.4로 일정하기 때문이다.

3 내용 추론

정답 해설

② 1문단 마지막 문장을 통해 ≪동국정운≫은 혼란스럽던 우리나라의 한자음을 바로잡아 일관된 표준음을 정하려는 목적으로 만들어졌음을 알 수 있다. 따라서 ≪동국정운≫을 활용해 당대의 사람들이 비슷하게 한자음을 발음하였음을 추론할 수 있다.
[관련 부분] 이 책은 혼란스럽던 우리나라의 한자음을 바로잡아 통일된 표준음을 정하려는 목적으로 만들어졌음을 알 수 있다.

오답 분석

① 2문단 마지막 문장을 통해 ≪동국정운≫을 만든 사람들은 조선 한자음의 규범을 만들 때 중국 한자음을 맹종하지 않았음을 알 수 있다. 따라서 ≪동국정운≫을 집필한 학자들이 중국 한자음을 표준음으로 인식하였다는 ①의 추론은 적절하지 않다.
[관련 부분] ≪동국정운≫을 만든 사람들은 조선 한자음을 규범적으로 만들 때 단순히 중국 한자음만을 좇지 않았던 것이다.

③ 1문단 3~4번째 줄을 통해 한자가 우리나라로 전래된 시기에도 이미 중국과 조선의 음운 체계가 달랐음을 알 수 있으므로 ③의 추론은 적절하지 않다.
[관련 부분] 중국과 조선의 음운 체계가 다르니 오랜 세월이 흐른 후 그 소리의 차이는 그만큼 클 수밖에 없었을 것이다.

④ 1문단 2~3번째 줄을 통해 한자의 소리와 다르게 자형과 뜻은 세월이 흘러도 큰 변화가 없음을 알 수 있다. 따라서 ≪동국정운≫의 집필과 상관없이 조선 사람들과 중국 사람들이 한자로 글을 써가며 소통(필담)할 수 있었음을 짐작할 수 있으므로 ④의 추론은 적절하지 않다.
[관련 부분] 자형과 뜻은 세월이 흘러도 큰 변화가 없지만,

1 ③   **2** ②   **3** ③

1   세부 내용 파악

정답 해설

③ 3문단을 통해 겸재는 조선의 절경 명승에 걸맞는 그림을 그리기 위해 그림의 중앙에 실제 경치(표현 대상)를 배치하여 이를 부각하였음을 알 수 있으므로 제시문의 내용을 바르게 이해한 사람은 ③ '영욱'이다.

[관련 부분] 겸재는 조선의 절경 명승에 걸맞는 독창적인 형식을 창출했다. 먼저 꼽을 수 있는 것은 실경 대상을 중앙에 부각시키거나

오답 분석

① 2문단 첫 문장을 통해 인왕산과 남산이 겸재의 생활 터전이었음은 알 수 있지만, 해당 장소들에서 겸재가 그림을 그렸는지는 알 수 없으므로 ① '서현'의 설명은 적절하지 않다.

[관련 부분] 겸재는 생활 터전이었던 인왕산, 백악, 남산, 장동 등 도성의 경치, 지방관으로 근무하며 만났던 영남 지방과 한강 풍광, 그리고 기행 탐승했던 조선의 절경 금강산 등을 예술 대상으로 삼았다.

② 1문단 첫 문장을 통해 18세기 이전부터 산수화의 개념과 형식을 중국의 산수화와 공유하였음을 알 수 있으므로 18세기 사람들이 진경산수화를 중국의 산수화와 별개로 생각했다는 ② '윤재'의 설명은 적절하지 않다.

[관련 부분] 18세기 영조(英祖, 1724~1776)·정조(正祖, 1776~1800) 시절의 진경산수화는 이전 시기에 이어 산수화의 개념과 형식을 중국 산수화와 공유하는 데서 출발한다.

④ 4문단을 통해 겸재만의 개성이 담긴 다양한 화법들을 알 수 있지만, 해당 화법들이 후배들에게 전승되었는지는 알 수 없으므로 ④ '다은'의 설명은 적절하지 않다.

2   관점과 태도 파악

정답 해설

② 제시문을 통해 알 수 없는 내용이므로 ②는 필자의 견해로 적절하지 않다.

오답 분석

① 2문단 1~4번째 줄에서 필자는 과학 혁명이 다른 혁명에 비해 그 중요성이 뒤지지 않는다고 말하며 기존의 4대 혁명에 과학 혁명을 포함한 5대 혁명으로 보아야 함을 주장하고 있다. 따라서 과학 혁명이 인류사에 끼친 영향에 비해 과소평가되었다는 ①은 필자의 견해로 적절하다.

[관련 부분] 인류 역사, 좁게는 서양 역사에서 흔히 신석기 혁명, 철기 혁명, 산업 혁명, 프랑스 대혁명을 4대 혁명으로 꼽지만 과학 혁명도 절대 이들에 뒤지지 않는 결정적 전환점이었다. ~ 과학 혁명이 없었으면 불가능한 것이었다. 과학 혁명까지 포함시켜서 5대 혁명으로 부르는 것이 타당할 것이다.

③ 2문단 4~5번째 줄과, 제시문의 마지막 문장에서 필자는 프랑스 대혁명을 제외한 4대 혁명과 과학 혁명은 인간이 자연을 대하는 도구적 효율성 측면에서 획기적 발전을 이루었다는 공통점이 있으며, 이러한 점이 서양 자연관의 본질을 보여준다고 주장하고 있다. 따라서 대부분의 서양 자연관은 자연을 도구적 효율성의 측면으로 바라보는 것이라는 ③은 필자의 견해로 적절하다.

[관련 부분]
- 이런 혁명들이 프랑스 대혁명을 제외하곤 모두 인간이 자연을 대하는 도구적 효율성에서 획기적 발전을 이룬 경우라는 점이다.
- 이는 서양 자연관의 본질을 단적으로 보여주는 예이다.

④ 1문단 1~4번째 줄과 2문단 2~4번째 줄에서 필자는 과학 혁명의 시작인 코페르니쿠스의 지동설이 자연과 우주를 바라보는 인간의 시각을 완전히 바꾸었다는 점에서 의미가 크다고 주장하고 있다. 따라서 지동설이 자연과 우주를 인식하는 인간의 관점을 바꾸었다는 점에서 의의가 있다는 ④는 필자의 견해로 적절하다.

[관련 부분]
- 지동설을 주장한 코페르니쿠스와·천문학, 역학 등에서 중요한 발견을 한 갈릴레이의 업적은 지금 기준에서 보면 미미할 수도 있으나 그 의미는 매우 큰 것이었다. 자연과 우주를 바라보는 인간의 시각을 완전히 바꾼 점에서 그랬다.
- 산업 혁명이나 프랑스 대혁명도 그 이전에 시작된 과학 혁명이 없었으면 불가능한 것이었다. 과학 혁명까지 포함시켜서 5대 혁명으로 부르는 것이 타당할 것이다.

3   내용 추론

정답 해설

③ 1문단에서 시장의 자원이 효율적으로 배분되지 못하는 현상인 시장 실패가 독과점 기업 때문임을 알 수 있다. 따라서 시장 안의 경쟁 기업이 많을수록 자원이 효율적으로 배분될 가능성이 크다는 것을 알 수 있으므로 ③의 추론은 적절하지 않다.

오답 분석

① 3문단에서 기업과 이익 집단들은 관료에게 로비함으로써 자신들에게 유리한 법을 제정하거나 경쟁 기업이 시장에 진출하는 것을 막는 비윤리적인 사례를 들어 정부의 실패 원인을 설명하고 있다. 따라서 관료의 윤리적 수준이 정부의 실패 여부에 영향을 줄 수 있음을 추론할 수 있다.

② 4문단에서 정부가 정책을 개발하기 위한 정보의 수집과 선별에 비용과 시간을 충분히 투자하지 못한 상태에서 의사 결정을 하게 되면 실패할 가능성이 높아짐을 알 수 있다. 따라서 의사 결정을 위한 사전 준비 정도에 따라 정부의 실패 가능성이 결정됨을 추론할 수 있다.

④ 1~2문단에서 독과점 기업이 상대방의 거래 이득을 착취하고 독점 이윤을 챙기는 경우가 시장의 실패이며, 이러한 시장의 실패는 정부가 시장에 개입하는 근거로 활용됨을 알 수 있다. 따라서 기업이 소비자의 이익을 과도하게 착취하는 경우, 정부가 시장에 개입할 명분이 생김을 추론할 수 있다.

1   주제 및 중심 내용 파악

정답 해설

① 제시문은 어느 한 사상이 총체적 가치를 인정받으려면 사상에 포함된 개별 주장들이 통일된 조화를 이룬 하나의 체계로 구축되어야 한다는 점을 작품과 건축에 비유하여 설명하고 있다. 따라서 제시문의 주장으로 가장 적절한 것은 ①이다.

오답 분석

② 제시문은 구성 성분의 개별적 가치가 아닌 구성 성분들 간의 조화로움에서 전체의 가치가 창출된다고 보았다. 따라서 ②는 제시문의 주장과 상반되는 내용이므로 제시문의 주장으로 적절하지 않다.

③ 제시문의 마지막 문장을 통해 건축물이 견고한 토대 위에 세워졌을 때 참다운 가치를 인정받을 수 있다고 했으나, 이는 제시문의 주장을 뒷받침하기 위한 비유이므로 ③은 제시문의 주장으로 적절하지 않다.

④ 제시문의 내용과 관련이 없으므로 ④는 제시문의 주장으로 적절하지 않다.

2   세부 내용 파악

정답 해설

① 3문단 1~3번째 줄을 통해 흉노가 중앙아시아로 이동하게 되면서 대월씨국의 부족들이 남쪽으로 밀려나 인도에서 쿠샨 왕조를 열었음을 알 수 있다. 따라서 흉노의 이동은 대월씨국의 건국이 아닌 쿠샨 왕조의 성립에 영향을 끼친 것이므로 ①은 제시문의 내용과 부합하지 않는다.

[관련 부분] 한나라에 밀려난 흉노가 중앙아시아로 이동하는 바람에 대월씨국(박트리아)의 부족들이 남쪽으로 밀려나 인도에서 쿠샨 왕조(1~3세기)를 열었다.

오답 분석

② 1문단 2~4번째 줄을 통해 한무제가 연호와 역법을 제정하고 유학을 통치 이념으로 도입하여 내정에서 업적을 이루어낸 탁월한 군주였음을 알 수 있다. 또한 1문단 끝에서 2~3번째 줄을 통해 한무제는 흉노를 정벌하여 외정에서도 성과를 거두었음을 확인할 수 있다.

[관련 부분]
• 그는 50년이 넘는 오랜 통치 기간 동안 한나라를 명실상부한 대제국으로 만든 탁월한 군주였다. 연호와 역법을 만들고 유학을 통치 이념으로 채택해 내실을 기했다.
• 한무제는 고비사막을 넘어 흉노족의 본거지인 몽골 초원까지 공격해 들어갔다. 흉노족은 한무제의 공격을 당해낼 수가 없었다.

③ 1문단 마지막 문장을 통해 확인할 수 있다.
[관련 부분] 한나라의 공격도 강력했지만 몇 년간 계속된 가뭄과 추위로 전력이 약화되었던 이유가 더 컸다.

④ 2문단 끝에서 1~3번째 줄을 통해 확인할 수 있다.
[관련 부분] 흉노의 포로들에게서 서역 이야기를 들은 무제는 장건에게 군사를 주어 서역까지 가도록 했다. 그 과정에서 장건에 의해 알려진 동서 교통로는 이후 당나라 시대에 비단길이라는 주요한 무역로로 쓰이게 된다.

3   적용하기

정답 해설

③ 제시문은 주류적 배치와 주변적 배치를 활용하는 간접 광고에 대해 설명하고 있다. 그러나 C 드라마 중간에 C 드라마에 출연하는 배우가 나오는 음료 광고가 삽입된 것은 간접 광고의 사례로 볼 수 없다. 따라서 글을 뒷받침하는 예로 적절하지 않은 것은 ③이다.

오답 분석

①② 출연자가 드라마에서 상품(모자, 세탁기)을 착용·사용한 사례이므로 간접 광고 중 주류적 배치의 사례에 해당한다.

④ 주류적 배치가 주변적 배치보다 더 효과적인 간접 광고임을 뒷받침하는 사례에 해당한다.

1 ③　　**2** ③　　**3** ①

1 내용 추론

정답 해설

③ 2문단 끝에서 1~3번째 줄을 통해 맹자는 협동 정신과 타인에 대한 배려, 공동체를 위한 자기희생과 같은 '사회적 재능'은 유전적 근친성이 높은 사람을 대상으로 표출되었다가, 유전적 근친성이 낮은 주변 사람들에게로 확장된다고 생각했음을 알 수 있다. 이때 유전적 근친성이란 유전적으로 가깝고 먼 정도를 의미하므로 혈연관계인 가족은 유전적 근친성이 높은 경우에 해당된다. 따라서 ③ 가족마저 사랑하지 않는 사람은 유전성 근친성이 낮은 주변 사람들에게까지 '사회적 재능'이 확장될 수 없으므로, 공동체를 위한 희생도 불가능할 것임을 추론할 수 있다.

[관련 부분] 협동 정신과 타인에 대한 배려, 공동체를 위한 자기희생 같은 '사회적 재능'을 진화시켜왔다. 이타 행동이라는 인간의 사회적 재능은 먼저 유전적 근친성이 높은 사람을 대상으로 표출되어 낮은 사람에게로 확장된다.

오답 분석

① 1문단을 통해 맹자는 공동체의 질서를 중시했으며 이를 부정하는 사상을 비판하였음을 알 수 있다. 따라서 개인에게 닥친 위협을 국가가 아닌 개인적 차원에서 해결해야 한다는 입장은 개인주의에 해당하므로 ①의 추론은 적절하지 않다.

②④ 제시문을 통해 추론할 수 없다.

2 글의 구조 파악

정답 해설

③ (라) - (가) - (마) - (나) - (다)의 순서가 가장 적절하다.

순서	중심 내용	순서 판단의 단서와 근거
(라)	한옥에 대한 통념	접속어나 지시어로 시작하지 않으면서 글의 중심 화제인 '한옥'을 제시함
(가)	'친자연적'의 의미	키워드 '친자연적': (라)에서 제시한 '친자연적'의 의미를 구체적으로 설명함
(마)	한옥이 친자연적인 이유	앞에서 한옥이 친자연적 건축물이라고 언급한 이유를 밝힘
(나)	한옥을 불편하게 여기는 사람들	접속어 '그러나': 앞의 내용과 상반되는 내용이 제시됨
(다)	한옥을 불편해 하는 이유	키워드 '생활하기': (나)에서 언급한 한옥이 생활하기 어려운 이유를 구체적으로 설명함

3 세부 내용 파악

정답 해설

① 1~2번째 줄과 4~5번째 줄을 통해 수호자는 나라의 안전을 지키는 임무에 충실해야 했음을 알 수 있다. 따라서 답은 ①이다.

[관련 부분]
• 나라의 내적 외적 안전을 지키는 소임을 가진 수호자가 그것이다.
• 플라톤은 <수호자>들이 불필요한 걱정이나 노동에 구애받지 않고 사심 없이 직책에 충실할 수 있어야 한다고 생각하였다.

오답 분석

② 제시문에서 알 수 없는 내용이다.

③ 끝에서 4~5번째 줄을 통해 수호자의 아이들은 부모가 아닌 국가가 주관하였음을 알 수 있으므로 적절하지 않다.

[관련 부분] 수호자들의 아이들은 나라의 관장 아래 나라의 비용으로 양육되며

④ 끝에서 1~2번째 줄을 통해 2년간의 현역 복무와 5년간의 철학 공부를 모두 해야 수호자로서 자격을 갖추는 것임을 알 수 있으므로 적절하지 않다.

[관련 부분] 2년간의 현역 복무 후에 5년간 철학 공부를 해야 한다. 그때야 비로소 나라를 수호하는 의무를 이해하기에 충분한 성숙에 도달할 수 있다.

1 ④	2 ②	3 ③

1 글의 구조 파악

정답 해설

④ ⓔ의 앞에서는 최근 심각해진 이상 기후의 원인으로 개인의 에너지 사용량이 무분별하게 증가한 것을 설명하고 있다. 그런데 ⓔ의 뒤에서는 이상 기후의 또 다른 원인으로 산업 혁명 이후 인구 수가 급증한 것을 설명하고 있다. 따라서 한 사람이 사용하는 에너지만 늘어난 것이 아니라는 문장은 ⓔ에 들어가는 것이 적절하다.

2 주제 및 중심 내용 파악

정답 해설

② 제시문은 이성계가 중앙의 왕족이나 귀족이 아닌 무장이었음에도 불구하고, 고려를 뒤엎고 새로운 왕조를 만들 수 있었던 배경에 대해 설명하고 있다. 따라서 제시문의 주제로 가장 적절한 것은 ②이다.

오답 분석

①④ 2문단에서 이성계가 주나라의 천명사상을 따르게 된 이유를, 1문단에서 정도전이 유교 혁명을 이루기 위해 이성계를 설득한 이유를 설명하고 있으나 부분적인 내용이므로 제시문의 주제로는 적절하지 않다.

③ 2문단 첫 문장에서 유학을 국가 이념으로 삼고자 했음을 확인할 수 있으나, 그 이유는 제시문에서 확인할 수 없다.

3 내용 추론

정답 해설

③ 제시문을 통해 ㉠ '자연과학'은 물체와 관련된 객관적이거나 외형적인 측면만을 묘사할 뿐 다른 의미는 다루지 않음을 알 수 있고, ㉡ '인문과학'은 물체 자체보다는 그 안에 담긴 여러 층위의 의미를 다루고 있음을 알 수 있다. 따라서 이러한 특징을 가장 잘 대조한 것은 ③이다.

- ㉠단층적(單層的): 하나로만 이루어진 층. 또는 그런 층으로 된 것
- ㉡다층적(多層的): 여러 가지 층으로 된 것

오답 분석

① • 감성적(感性的): 1. 감성을 위주로 하거나 감성에 관한 것
　　　　　　　　　　 2. 감성이 예민하여 자극을 잘 받는 것
   • 이성적(理性的): 이성에 따르거나 이성에 근거한 것

② • 가변적(可變的): 바꿀 수 있거나 바뀔 수 있는 것
   • 영구적(永久的): 오래도록 변하지 않는 것

④ • 개방적(開放的): 태도나 생각 등이 거리낌 없고 열려 있는 것
   • 폐쇄적(閉鎖的): 외부와 통하거나 교류하지 않는 것

1 ②　　　**2** ④　　　**3** ①

1 주제 및 중심 내용 파악

정답 해설

② 2번째 줄에서 '과학의 가치중립성'과 '과학자의 사회적 책임'을 하나로 보는 관점에 대한 의문을 제기하고, 마지막 문장에서 과학의 가치중립성을 내세워 핵무기를 개발한 과학자들에게 사회적 책임을 물을 수 없다는 의견을 비판적으로 바라보고 있다. 즉 제시문은 과학의 가치중립성에 가려져 과학자의 사회적 책임이 회피되어서는 안 되며 두 존재가 양립해야 한다고 주장하고 있으므로 답은 ②이다.

[관련 부분]
- 과학의 가치중립성과 과학자의 사회적 책임을 한 묶음으로 볼 수 있는지는 의문이다.
- 과학의 가치중립을 앞세워 과학자들에게 사회적 책임을 물을 수 없다는 것은 핵무기 개발에 참여한 과학자들에게 면죄부를 주려는 속셈에 불과하다.

2 내용 추론

정답 해설

④ 제시문은 안전만을 고려하여 설계한 놀이터의 문제점을 지적하며 아이들이 진취적인 행동을 할 수 있고, 긍정적인 사고를 키워 나갈 수 있도록 아이들에게 안전하면서도 도전과 모험할 수 있는 놀이터를 제공해야 한다고 강조하고 있다. 따라서 ㉠에 들어갈 주장으로 가장 적절한 것은 ④이다.

오답 분석

① 2문단 2~3번째 줄에서 안전, 도전, 모험 모두 놀이터 설계에 동일하게 고려되어야 하는 요소들임을 알 수 있으므로 ㉠에 들어갈 주장으로 적절하지 않다.
　[관련 부분] 우리는 이제 '안전'이라는 기둥 옆에 '도전'과 '모험'이라는 기둥도 함께 세워야 한다.
② 2문단 첫 문장에서 아이들이 도전하고 모험할 수 있는 놀이터를 만들어야 함을 주장하고 있으나, 이러한 놀이터를 설계하는 기술력에 대한 내용은 언급하고 있지 않으므로 ㉠에 들어갈 주장으로 적절하지 않다.
　[관련 부분] 이제 놀이터는 아이들이 진취적인 행동과 긍정적인 사고를 키워 나갈 수 있도록 도전하고 모험할 수 있는 공간으로서의 역할을 다해야 한다.
③ 제시문과 관련 없는 내용이므로 ㉠에 들어갈 주장으로 적절하지 않다.

3 논리적 사고

정답 해설

① <보기>와 ①에는 주장에 대한 근거로 해당 주장을 다시 진술하여 발생하는 '순환 논증의 오류'가 나타난다.
- <보기>: '규칙적으로 생활하고 책을 많이 읽는 사람은 성공한다'라는 주장에 대한 근거로 해당 주장을 다시 진술함
- ①: '그는 진실만을 말하는 사람이다'라는 주장에 대한 근거로 주장과 동일한 의견인 '그는 거짓말을 하지 않는다'를 진술함

오답 분석

② 인신공격의 오류: 주장의 부당성을 타당한 이유로 지적하지 않고 고등학교를 중퇴한 그의 처지를 근거로 들어 비난하고 있다.
③ 대중에의 호소: 자사의 신제품이 왜 최고의 품질인지에 대한 타당한 근거를 제시하지 않고 '올해 제일 많이 팔린 상품'이라는 대중의 심리를 근거로 들어 주장을 받아들이게 하고 있다.
④ 논점 일탈의 오류: 핵심 문제인 '사업 전략의 실패'와 관련이 없는 '회사 휴게실에 새로운 자판기가 들어왔다'라는 내용을 이야기하여 논점을 흐리고 있다.

비문학 지식 암기노트	
순환 논증의 오류	주장에 대한 근거를 제시할 때, 해당 주장을 다시 근거로 진술하여 발생하는 오류
인신공격의 오류	주장의 부당성을 타당한 이유로 지적하지 않고 판단할 사람의 인품, 성격, 처지 등을 근거로 들 때 발생하는 논리적 오류
논점 일탈의 오류	다루고 있는 문제의 핵심을 논증하지 않고 논점과 관련이 없는 내용을 바탕으로 결론을 내릴 때 발생하는 오류
대중에의 호소	타당한 근거를 제시하기보다는 군중이나 대중의 심리 등으로 결론을 받아들이게 하는 오류

1 ②　　　**2** ②　　　**3** ①

1 글의 구조 파악

정답 해설

② ㉠~㉢에 들어갈 접속어는 순서대로 '그래서 - 다만 - 그런데'이므로 답은 ②이다.

- ㉠: ㉠의 앞에서 고려 시대의 귀족들은 두 끼 식사를 하는 것이 기본이었으며, 이 풍습은 조선 시대에도 일부 이어졌음을 설명하고 있다. 그리고 ㉠의 뒤에서는 아침과 저녁 식사 두 끼가 거나하게 차려졌음을 설명한다. 두 끼 식사가 기본이었기 때문에(원인) 아침과 저녁 식사 두 끼가 거하게 차려졌음(결과)을 알 수 있다. 따라서 ㉠에는 앞의 내용이 뒤의 내용의 원인이나 근거, 조건 등이 될 때 쓰는 '그래서'가 오는 것이 적절하다.

- ㉡: ㉡의 앞에서 왕의 식사는 아침과 저녁 두 끼가 기본이되 거나하게 차려졌다는 것과, 그렇다고 왕이 낮 시간 동안 아무 것도 먹지 않은 것은 아님을 설명하고 있다. 그리고 ㉡의 뒤에서는 그냥 보내지 않은 낮의 식사가 간소했음을 설명한다. 즉, 아침과 저녁 두 끼의 거한 식사가 기본이되 예외적으로 낮에는 간소한 식사를 했음을 알 수 있다. 따라서 ㉡에는 앞의 말을 받아 예외적인 사항이나 조건을 덧붙일 때 그 말머리에 쓰는 '다만'이 오는 것이 적절하다.

- ㉢: ㉢의 앞에서 고급 꽃 음식은 궁궐에서 시작되었을 가능성이 크다는 것을 설명하고 있으나, ㉢의 뒤에서는 꽃잎 식용의 역사는 민간에서 더 많은 예를 찾아볼 수 있음을 설명하고 있다. 따라서 '꽃잎 식용'이라는 동일한 화제를 ㉢의 앞뒤에서 서로 다른 방향(궁궐, 민간)으로 이끌어 나가고 있으므로 ㉢에는 앞의 내용과 상반되는 내용을 이끌 때 쓰는 '그런데'가 오는 것이 적절하다.

2 세부 내용 파악

정답 해설

② 2문단 2~4번째 줄을 통해 플루오린 이온이 치아를 둘러싸고 있는 에나멜을 더욱 강하게 만들어 충치를 예방한다는 과학적 근거가 있음을 알 수 있다. 따라서 답은 ②이다.

[관련 부분] 플루오린 이온이 충치를 예방한다는 주장에는 화학적으로 분명한 근거가 있다. ~ 치아의 에나멜을 더욱 단단하게 만들어 준다는 사실이 밝혀졌기 때문이다.

오답 분석

① 2문단 첫 문장을 통해 플루오린이 충치 예방에 좋다는 사실은 우연히 발견된 것임을 알 수 있다.

[관련 부분] 플루오린이 충치 예방에 좋다는 것은 지하수에 플루오린이 많이 녹아 있는 지역의 충치 발병률이 낮다는 사실로부터 우연히 알려졌다.

③ 3문단 첫 문장을 통해 수돗물의 불소화에 사용하는 화학물질은 독극물로 분류되어 있음을 알 수 있다.

[관련 부분] 수돗물의 불소화에 사용하는 화학물질이 일반적으로 '독극물'로 분류돼 있는 것은 사실이다.

④ 1문단 2번째 줄을 통해 플루오린은 다양한 지역이나 광석에 분포하는 원소임을 알 수 있다.

[관련 부분] 플루오린은 지구상에서 열세 번째로 많은 원소지만, 어느 특정한 지역이나 광석에 집중적으로 들어 있지는 않다.

3 관점과 태도 파악

정답 해설

① 글쓴이는 2문단 1~4번째 줄에서 평등주의와 능력주의 둘 다 학교는 사회 평등을 위한 장치라고 생각하지만, 사회 평등에 기여하는 방식이 다르므로 이 둘을 구분해야 할 필요가 있다고 주장하고 있다. 따라서 글쓴이의 입장에 부합하는 것은 ①이다.

[관련 부분] 학교가 사회 평등을 위한 장치라는 생각에는 두 가지 다른 내용이 포함되어 있으므로 이를 구별할 필요가 있다. 하나는 교육을 통하여 불평등 구조를 해소 또는 축소시킨다는 것이고 다른 하나는 교육을 통하여 사회적 지위를 능력 본위로 결정한다는 것이다.

오답 분석

② 글쓴이는 제시문의 마지막 문장에서 연구 결과 해석의 혼선이 발생하는 이유를 능력주의와 평등주의를 구분하지 못하기 때문이라고 주장할 뿐, 학자들의 태도에 대해 지적하고 있지는 않다.

[관련 부분] 평등주의와 능력주의의 관점은 이렇게 다름에도 불구하고 흔히 이를 혼동함으로써 연구결과의 해석에 혼선을 일으키기도 한다.

③④ 제시문에서 확인할 수 없는 내용이다.

1 세부 내용 파악

정답 해설

③ 3문단 끝에서 2~3번째 줄을 통해 둥근 우산, 방사형 우산살, 손잡이에 대한 서구인들의 인식은 확인할 수 있지만 동양인들의 생각은 제시문을 통해 알 수 없으므로 답은 ③이다.

[관련 부분] 서구에서 둥근 우산은 태양의 원반, 즉 둥근 태양 자체를 상징하였고, 방사형 우산살은 햇빛을, 손잡이는 우주의 축을 의미하였다.

오답 분석

① 1문단 첫 문장을 통해 확인할 수 있다.

[관련 부분] 서양식 우산이 우리나라에 들어온 것은 18세기 중반 선교사들을 통해서였다.

② 4문단 1~2번째 줄과 끝에서 2번째 줄을 통해 우산의 사용이 정착될 무렵에도 우산을 방 안에서 펴거나 거꾸로 드는 행위 등 우산 사용에 대한 새로운 금기 사항들이 등장하였음을 확인할 수 있다.

[관련 부분]

• 우산이 사회에 정착되면서 민가에서는 우산과 관련하여 새로운 금기 사항이 등장하기도 하였다. 예를 들면 민가에서는 방 안에서 우산을 펴는 행위를 금하였다.

• 우산을 거꾸로 들면 벼락을 맞는다는 속설도 전한다.

④ 1문단 2~4번째 줄을 통해 확인할 수 있다.

[관련 부분] 우산이 도입된 후에도 민가에서는 비를 가리는 행위를 금하는 풍습이 여전하였기 때문에 일반인들이 비를 가리는 용도로 우산을 사용하기까지는 적지 않은 우여곡절을 겪어야 했다.

2 주제 및 중심 내용 파악

정답 해설

② 1문단에서는 기온이 높은 열대 지방 사람들의 기질에 대해, 2문단에서는 기온이 높고 빛이 풍부한 라틴계 민족의 기질과 기온이 낮은 북유럽 민족의 기질에 대해 설명하며 각 지역의 기온에 따라 사람들이 서로 다른 기질을 갖게 되었음을 보여준다. 이는 날씨가 사람들의 기질에 영향을 주었다고 설명하는 것이므로 글의 중심 내용으로 가장 적절한 것은 ②이다.

오답 분석

①③ 제시문은 지역마다 날씨가 달라 사람들이 서로 다른 기질을 갖게 되었고, 이로 인해 발달한 학문의 종류가 지역에 따라 다름을 설명하고 있다. 즉, 제시문에서는 날씨가 사람의 기질에 영향을 미치며, '각 나라 민족의 서로 다른 특징'은 지역마다 다른 날씨로 인한 결과라고 설명한다. 또한 '학문의 종류'는 날씨에 따라 다르게 발달한다기보다는 사람들이 날씨의 영향을 받아 서로 다른 기질을 갖게 된 것으로 인한 결과임을 알 수 있다.

④ 1문단에만 해당하는 내용이므로, 제시문 전체를 아우를 수 있는 중심 내용으로 적절하지 않다.

3 글의 구조 파악

정답 해설

③ ⓒ-㉠-㉣-ⓛ-㉢의 순서가 자연스럽다.

순서	중심 내용	순서 판단의 단서와 근거
ⓒ	생존에 꼭 필요한 여러 신체 기관의 협력 작용으로 만들어지는 말소리	지시어나 접속어로 시작하지 않으면서 '말소리를 만들어 내는 여러 신체 기관'이라는 중심 화제를 제시함
㉠	말소리를 만들어 내는 여러 신체 기관 중 발성 작용과 관련된 후두	지시 표현 '그것들': ⓒ에서 언급한 '여러 신체 기관'에 해당되는 것을 가리킴
㉣	후두의 기능(이물질이 기도로 넘어가는 것을 막음)에 따른 적절한 위치	키워드 '후두': ㉠에서 언급한 '후두'의 기능과 위치에 대해 설명함
ⓛ	갓난아이 시기에는 목구멍과 비슷한 높이에 있다가 점점 아래쪽에 위치하게 되는 인간의 후두	접속어 '그런데': ㉣에서 언급한 후두의 적절한 위치보다 아래쪽에 있는 인간의 후두를 설명함
㉢	침팬지나 오랑우탄의 후두 위치	키워드 '같은 영장류인': ⓛ에서 언급한 '인간'과 같은 영장류인 침팬지나 오랑우탄의 후두에 대해 이어서 설명함

1 ③   **2** ④   **3** ③

1   세부 내용 파악

정답 해설

③ 제시문의 첫 문장을 통해 다른 매장들과 차별화된 편의점의 디자인에 관한 내용을 확인할 수 있으나, 차별화된 서비스 전략은 알 수 없으므로 답은 ③이다.

[관련 부분] 편의점의 또 한 가지 차별성은 매장의 디자인에도 있다.

오답 분석

① 1문단 3~4번째 줄과 2문단 첫 문장을 통해 소비자들에게 구매 욕구를 불러일으키며 진열된 상품을 빛나게 하고, 편의점에 방문하는 손님들을 안심시키기 위해 조명을 밝게 연출한다는 것을 알 수 있다.

[관련 부분]
- 빛의 밝기를 높이는 것은 소비 욕구를 자극하는 고전적인 수법으로
- 밝은 실내 분위기는 진열된 상품을 빛나게 할 뿐 아니라, 드나드는 이들을 안심시키는 효과도 있다.

② 2문단 끝에서 2~3번째 줄을 통해 편의점에 설치된 거울은 계산대 직원이 매장을 살펴보는 데 이용될 뿐만 아니라 고객을 안심시키기도 한다는 것을 알 수 있다.

[관련 부분] 도난 방지용으로 설치된 볼록 거울을 통해 계산대 직원의 시선이 매장 내에 두루 미칠 수 있는 구조도 고객을 안심시킨다.

④ 2문단 끝에서 1~2번째 줄을 통해 심야에도 편의점의 밝은 불빛이 매장 밖까지 환하게 비추어 지역의 치안을 유지하는 데 도움이 된다는 것을 알 수 있다.

[관련 부분] 흥미로운 것은 그 밝은 불빛이 매장 바깥으로도 뻗어 나가 어두운 도시에 오아시스와 같은 역할을 한다는 점이다. 이는 지역의 치안에 도움이 된다.

2   관점과 태도 파악

정답 해설

④ 필자는 1문단 첫 문장에서 변화의 시대를 받아들이는 사람들이 부족하여 혼란을 겪고 있다고 하며 변화를 거부하는 사람에 대해 비판적인 입장을 보이고 있다. 또한 필자는 2문단 끝에서 1~2번째 줄에서 조직은 변화와 위험을 두려워하지 않고 차이를 만들어 내는, 즉 다른 사람들과는 다른 새로운 길을 개척해 가는 린치핀을 원한다고 주장하고 있다. 이를 통해 필자는 성공하기 위해서는 변화를 두려워하지 않고 새로운 방법을 모색해야 한다고 주장함을 알 수 있으므로 제시문에서 이끌어낼 수 있는 주장과 가장 가까운 것은 ④이다.

[관련 부분]
- 지금 우리 사회가 혼란스러운 이유는 변화의 시대를 받아들인 사람이 부족하기 때문이다.
- 어떤 조직이든 이 모든 것을 함께 몰고 올 수 있는 사람, 차이를 만들어 낼 수 있는 사람을 원한다. 바로 린치핀이다.

오답 분석

①② 제시문과 관련이 없는 내용이다.

③ 필자가 3~4문단에서 말하는 '예술가'는 조직의 발전을 위해 일에 대한 새로운 해답, 관계, 방법을 찾아내는 천재성을 가진 사람(린치핀)을 의미하는 것일 뿐, 예술적인 감각을 갖춘 사람을 뜻하는 것이 아니므로 예술적인 감각을 길러야 한다고 주장하는 것은 아니다.

3   내용 추론

정답 해설

③ 4~6번째 줄을 통해 연산군과 광해군이 정상적으로 후계자에게 임금의 자리를 위임하지 못했음을 알 수 있지만, 정상적인 방법으로 즉위했는지의 여부는 제시문을 통해 확인할 수 없다. 따라서 ③은 제시문에서 추론한 내용으로 적절하지 않다.

[관련 부분] 정상적으로 임금의 자리를 후계자에게 위임한 후 서거한 임금의 기록은 '실록'이라고 하였으며, 폐위된 임금의 기록은 '일기'로 명명하였다. 연산군과 광해군의 기록이 실록이 아니라 <연산군일기>와 <광해군일기>로 불리는 까닭도 이러한 연유에서이다.

오답 분석

① 3~4번째 줄을 통해 실록과 일기의 편찬 과정과 내용은 동일함을 알 수 있으므로 실록과 일기를 기록의 방식으로는 구분할 수 없음을 추론할 수 있다.

[관련 부분] 실록과 일기의 편찬 과정과 내용은 동일하지만

② 2번째 줄을 통해 실록은 왕이 승하한 후에 편찬되는 것이 원칙임을 알 수 있으므로 임금은 자신의 실록이 편찬되는 과정을 볼 수 없었음을 추론할 수 있다.

[관련 부분] 실록은 왕이 승하한 후에 편찬하는 것이 원칙이며,

④ 제시문의 마지막 문장과 끝에서 5~6번째 줄을 통해 단종이 폐위된 지 200년 후 숙종 대에 이르러 노산군을 단종으로 복위하였음을 알 수 있으며, 그 결과 <노산군일기>의 명칭이 현재에는 '실록'의 이름으로 기록되고 있음을 알 수 있다. 따라서 후대의 왕조에서 선대의 역사적 사건을 재평가할 수 있음을 추론할 수 있다.

[관련 부분]
- 약 200년 후 숙종 대에 이르러 노산군을 단종으로 복위하면서 명칭을 변경하고 이러한 경위를 부록으로 기록하였다.
- 세조에 의해 폐위된 단종의 기록이 '실록'의 이름을 띠는 것은 굉장히 독특한 사례이다.

3주기 요양병원 인증평가

IT 연습용
직군별 질문지

연습은 실전같이
실전은 연습같이

대표저자 가 혁
대한노인요양병원협회 학술이사 /
인천은혜병원 병원장

군자출판사

IT 질문지를 통한 IT 연습 방법

- 1열의 Box는 체크박스로 활용한다. 즉, 답변에 자신이 있는 부분은 V 표시하여 채워나간다.

- 폐쇄형 질문에 대한 답은 조사기준 번호를 참조하여 각 병원에 맞게 답하는 연습을 한다.

- 폐쇄형 질문에 대한 답이 익숙해지면, 개방형 질문에 대한 포괄적 답변을 연습한다.

- 본 질문지의 답변 준비내용은 사용 방법을 위한 사례일 뿐이므로 각 병원의 상황에 맞게 답변을 준비한다.

병동 간호직원 IT 연습용 질문지 (우리 병원 규정과 상황에 맞게 준비) – 3주기 요양병원 인증평가 기준		
폐쇄형 질문	조사기준	답변을 위해 준비할 내용
1. 개방형 질문: 환자 입원부터 퇴원까지 전 과정을 말씀해 주세요. 　　[입원]–[초기평가]–[초기검사]–[전동]–[퇴원]		
입원생활 안내를 어떻게 하나요?	2.1.2-3	입원생활안내문, 설명여부 기록 준비
환자 확인은 어떻게 하나요?	1.1-1	개방형 질문, 2가지 이상 지표, 환자팔찌
낙상 재평가의 원칙은 무엇인가요?	1.2-4	정기적 재평가, 환자상태변화시 비정기적 재평가
욕창위험도(Braden) 재평가 주기?	3.1.4-4	욕창위험 재평가 기록. 고위험환자 제외 가능.
욕창위험도 따른 욕창 예방?	3.1.4-3	고위험환자에 대한 욕창예방활동 수행 기록
욕창이 있는 환자의 의무기록 보여주세요.	3.1.4-5	욕창환자 간호기록.
통증 초기평가? 재평가?	3.1.2-2,4	통증 없는 환자는 환자평가표에서 '통증없음'으로 같음.
통증 – 의사소통 불가능자? FPS 평가방법?	3.1.2-1	의사소통 안 되는 환자는 FLACC 사용. FPS는 의사소통이 가능한 자에게 사용.
영양 초기평가 기준? 실제로 했는지?	2.2-4	영양 초기평가 항목? 팔 길이 재는 줄자 있는지?
검체를 안전하게 획득하고 검체적합성 확인 절차?	2.3.1-2,3	정확한 환자 확인, 검체용기 라벨링, 전달 방법. 부적합 검체 처리?
영상검사(X-ray) 전 사전정보 확인 방법?	2.3.2-3	영상검사 절차 설명하기 　– 금식 여부, 조영제 사용?
구두처방 절차는 어떻게 되나요?	1.1-2	환자 확인(등록번호 대신 진단명) ➔ 받아적기 ➔ 되읽기 ➔ 의사확인
병동간 전동 시 절차가 어떻게 되나요?	2.1.3-3	간호기록(혹은 전동기록지)에 공유하는 내용, 방법, 범위
퇴원절차 설명해주시고, 퇴원 시 간호정보 제공?	2.1.4-1,3	우리병원 퇴원절차. 퇴원간호기록지.

④ 간호직원

병동 간호직원 IT 연습용 질문지 (우리 병원 규정과 상황에 맞게 준비) – 3주기 요양병원 인증평가 기준		
폐쇄형 질문	조사기준	답변을 위해 준비할 내용
2. 개방형 질문: 환자 및 직원 안전을 위해 어떤 일들을 하십니까? **[화재예방]-[환자안전]-[직원안전]-[위험물질]**		
병동에서 화재 발생 시 어떻게 하실 겁니까?	11.6-7	불끄기-연락하기-피난하기(환자 포함) 3가지로 나누어 대답.
병동에서 화재 예방을 위해 어떤 노력을 하시나요?	11.6-4	소방, 피난, 방화시설 관리 상태 확인. 비상계단, 방화문, 소화기 점검.
소방훈련은 받으셨나요?	11.6-6	최근 언제, 어떤 교육을 받았는지 설명해보기.
보호자가 흡연을 원하시면 어떻게 안내하시나요?	11.6-9	건물 출입구에서 10 m 떨어진 곳, 혹은 옥상을 흡연구역으로 지정
환자나 직원이 금연구역에서 흡연하면?	11.6-8	우리 병원의 금연 관련 규정에 따른 조치.
낙상 고위험자 예방활동?	1.2-5	낙상 고위험자 공유 방법. 낙상 가능장소의 예방활동.
치매환자의 무단 이탈 방지 방법은?	11.4-2	출입문 자동개폐장치, 엘리베이터 버튼 관리 등 우리병원 대책.
병문안객 출입관리 어떻게 하세요? (200병상 이상)	11.4-4	병문안 시간대. 의료기관 입원환자 병문안기준 참고.
간호처치 중 주삿바늘에 찔리면 어떻게 하시나요?	10.4-5	우리 병원의 직원안전사고 발생 시 보고체계에 따라 보고 및 치료.
환자나 보호자로부터 언어적, 신체적 폭력 피해 시?	10.5-3	폭력상담 및 신고절차에 따라 상담과 신고. (병동에 안내문 소지)
병동에 MSDS로 관리하는 유해화학물질이 있나요?	11.3-1,3	MSDS는 유해화학물질 근처에 비치하고, 노출 시 응급조치 숙지.
의료폐기물 수집과 보관, 처분은 어떻게 하나요? (기저귀, 수액세트, 찢어진 세탁물, 한방침, 주삿바늘, 깨진 바이알)	11.3-5	수액백은 일반쓰레기(항생제: 의료폐기물) 기저귀는 의료폐기물 제외지만 따로 배출. 의료폐기물 박스 개봉일 표시? / 찢어진 세탁물 = 의료폐기물 주삿바늘+라인은 30일 / 깨진 바이알(백신)-손상성 폐기물

병동 간호직원 IT 연습용 질문지 (우리 병원 규정과 상황에 맞게 준비) – 3주기 요양병원 인증평가 기준		
폐쇄형 질문	**조사기준**	**답변을 위해 준비할 내용**
3. 개방형 질문: 병동에서의 의약품 관리에 대해 알려주세요. [보관]–[처방]–[투약]		
병동의 의약품을 어떻게 안전하게 보관하시나요?	4.1-2	비치의약품 목록. 라벨링 (약품명, 유효기간, 필요시 경고문 표시)
연고, 안약의 개봉 후 유효기간은 어떻게 되나요?		예시〉 안약 1개월, 시럽 3개월, 연고 6개월 (스테로이드는 1년).
인슐린, 리도카인 처음 사용 후 유효기간은?		조제회사 설명서에 따르되, 특별한 언급 없으면 28일 (미국질병관리본부 기준)
응급의약품(응급키트) 관리	4.1-4	유효기간, 봉인지 관리, 목록 수량 일치 여부 확인
병동에서 마약과 향정신성의약품 보관 방법?	4.1-5	마약-2중철제. 향정 중 아티반은 냉장+잠금장치. 일반의약품과 마약류는 따로.
고위험의약품의 종류 및 보관 방법?	4.1-6	진정제, 항암제, 고농도 전해질(KCl, NaCl), 인슐린, 헤파린, 조영제 등
KCl, NaCl은 어떻게 보관하시나요?		"반드시 희석 후 사용" 라벨링. '고위험' 표시. 다른 의약품과 떨어져서 보관.
주의를 요하는 의약품의 종류와 보관 방법은?	4.1-7	냉장보관, 차광 의약품. 투약오류 가능(유사외관, 유사발음), 백신.
병동 비치의약품 보관 상태 정기적 감사 방법은?	4.1-3	병동자체 점검 및 약사에 의한 점검 주기 및 방법.
지참약 보관 및 투여 방법을 말씀해주세요.	4.3-8	처방전 없다면 약사(의사)의 식별 필요. 지참약 의사오더 시 의약품명 기입.
필요시처방(p.r.n) 절차를 설명해주세요.	1.1-3	병원 p.r.n 목록 확인. 의사오더지에 적응증 명시. 1회용량, 최대용량, 투여경로
안전하게 투약하는 과정을 설명해주세요.	4.3-3	환자 확인-손위생-5R원칙.
복약지도 해야 할 약물을 알고 있나요?	4.3-6	병원에서 정한 의약품 투여 시 복약(투약) 설명하 거나 복약설명서 등 정보제공.
인슐린 주사 후 부작용은 무엇이 있으며 대처방법?	4.3-4	저혈당 증상 파악 후 병원에서 정한대로 대처(주스 마시기, 포도당 주사 등)
투약오류 시 근접오류 보고서 쓰기 연습	7.2-6	병원 QPS위원회 규정에 따라 환자안전사건(투약 오류사건) 보고서 작성.

병동 간호직원 IT 연습용 질문지 (우리 병원 규정과 상황에 맞게 준비) – 3주기 요양병원 인증평가 기준		
폐쇄형 질문	조사기준	답변을 위해 준비할 내용
4. |개방형 질문: 중증 환자 대책에는 어떤 것들이 있나요? [응급환자]–[수혈]–[생애말기환자]		
환자가 갑자기 숨을 안 쉬면 어떻게 하시겠어요?	3.2.1-2	호흡/맥박 확인 – 연락 – 가슴압박(흉골하단, 수직, 분당 100회, 5~6 cm 깊이)
응급물품/응급의약품 관리. 후두경 불 켜지나?	3.2.1-3	건전지 교체? 후두경(laryngoscope)의 tip 부분이 노출되지 않도록 보관.
제세동기(AED) 보관, 점검, 사용법	3.2.1-4	전원버튼 확인, 충전여부 확인 방법, 어디서든 4분 이내 가져올 수 있는 위치?
수혈 전 어떤 검사를 하나요?	3.2.2-2	ABO, RH, 비예기항체검사, 교차적합시험(cross matching) 검사
혈액 냉장고에서 꺼낸 후 몇 분 이내 수혈?	3.2.2-3	30분 이내 수혈. 30분 이상 보관은 혈액전용냉장고 (1~6도 유지)에 보관.
수혈직전 혈액제제 확인은 어떻게 하나요?	3.2.2-4	2인 의료인(의사나 간호사)이 혈액 유효기간, 혈액의 양, 색깔, bag 상태 확인
수혈직전 환자를 정확하게 확인한다는 의미는?	3.2.2-5	이름/등록번호/ABO, RH 혈액형 확인. 2인 의료인이 소리내어 비교, 재확인.
수혈 도중 주의관찰하는 방법은?	3.2.2-6	아나필락시스, 용혈성수혈부작용, 패혈성 쇼크 대비 수혈 15분 이내 V/S 체크.
수혈 도중, 호흡곤란, 두드러기 발생하면?	3.2.2-7	병원규정 숙지. 예시) 수혈중지-생리식염수 IV–의사보고
생애말기환자 관리 교육을 받으셨어요?	3.1.5-2	병원에서 규정한 생애말기환자? 정서적 지지, 대증적 치료 등 교육내용 숙지.
생애말기환자 정서사회적 지지 제공은 어떻게?	3.1.5-4	환자 말을 잘 들어주고 공감해주는 것.

병동 간호직원 IT 연습용 질문지 (우리 병원 규정과 상황에 맞게 준비) – 3주기 요양병원 인증평가 기준		
폐쇄형 질문	조사기준	답변을 위해 준비할 내용
5. 개방형 질문: 감염관리를 위해 하시는 일을 알려주세요. **[손위생]–[호흡기]–[도뇨관]–[IV]–[세탁물]–[감염병 예방]**		
병동에서 손씻기는 언제 하나요?	1.3-2	1) 환자(면역저하, 카테터, 튜브, 격리, 접촉주의, 비말주의) 접촉 전, 후. 2) 청결/무균 처치 전, 3) 체액/분비물 노출 위험 행위 후, 4) 접촉주의 격리 환자 주변환경 접촉 후
손위생 절차를 설명해주세요.		공인된 기관의 지침을 바탕으로 병원에서 규정한 방법 숙지.
호흡기 치료기구 감염관리 방법 설명해주세요.	8.2-2	손위생-장갑 착용-흡인 시 멸균 카테터-생리식염수 일회용.
유치도뇨관(Foley cath) 감염관리 방법은?	8.2-3	손위생-장갑 착용-소변백은 방광 아래-폐쇄 유지. 삽입부위 관리. 소변채취법.
유치도뇨관의 교체 주기는?		특별한 이유 없이 너무 자주(2주 이내) 가는 것은 권고되지 않음.
혈관카테터 관련 감염관리 방법 설명해주세요.	8.2-4	말초정맥관: 삽입부위 확인, 삽입일시 기재. 중심정맥관: 멸균드레싱 상태 기록.
의료기구 세척, 소독, 멸균 장소의 적절성?	8.3-2	출입관리, 오염vs청결 구역 구획 구분, 동선, 환기 관리. 오염vs멸균물품 구분.
사용한 기구의 세척 및 소독은 어떻게 하나요?	8.3-3	방수가운, 마스크, 장갑, 눈보호구. 세척 : 공간분리, 방법. 소독제. 멸균기 종류.
멸균기 관리 방법은?	8.3-4	MI, BI, CI 방법 및 주기. 멸균기 제조사 지침에 따라 일상관리, 예방관리.
멸균 후 멸균물품 보관은 어떻게 하세요?	8.3-5	하수, 창문, 통풍구에서 떨어진 장소. 포장외부에 '멸균' 표시. 유효기간. 선입선출.
세탁물 수집장소 점검	8.3-8	별도 구획, 세탁물 분류방법 게시. 오염세탁물 표시. 수집 용기 적합?(방수. 표시).
세탁물 보관장소 적절?		왕래가 빈번하지 않은 곳. 오염세탁물 있음 표시. 관계자외 출입금지. 주2회 소독
VRE, 코로나, 활동성 결핵 환자, 옴환자 발생하면?	8.1-5	격리방법, 직원 간 정보공유 방법, 보호장구 착용, 환경관리

병동 간호직원 IT 연습용 질문지 (우리 병원 규정과 상황에 맞게 준비) – 3주기 요양병원 인증평가 기준		
폐쇄형 질문	조사기준	답변을 위해 준비할 내용
6. 환자 인권을 위해 어떤 노력을 하십니까? **[환자권리 안내]–[취약환자]–[불만고충처리]–[동의서]–[신체노출]–[신체보호대]**		
환자 권리와 책임을 어떻게 안내하나요?	6.1-2	게시판 "권리, 책임"
환자의 개인정보 보호를 어떻게 하시나요?	6.1-4	공개된 장소에서 개인정보 게시 않기. PC 화면보호기 등.
신체적 학대나 경제적 착취(아들이 보조금 착취)?	6.2-2	병원의 취약환자(노인학대) 신고 체계에 따라 신고.
고객의 소리함 있다면 어떻게 관리하나?	6.3-3	관리주체? 점검주기? 답변 기한?
신체노출 보호 대책은 무엇인가요?	6.1-3	환자를 충분히 가릴 수 있는 스크린이나 커튼 설치.
이 환자는 왜 신체보호대를 적용했나요?	3.2.3-2	신체보호대 적용한 환자는 그 이유를 알고 있어야 함.
신체보호대를 대신할 다른 방법은 없었나요?		신체보호대 적용 전에 다른 조치를 취했는지 확인.
신체보호대 적용 절차를 설명해주세요.		의사의 지시오더는 필수. 동의서 필수. 1일 1회 처방하나 약물처방방법에 준함.
신체보호대 적용 중인 환자를 관찰하고 기록하는지	3.2.3-3	보호대 외취 변화, 사지말단부위 맥박, 체온, 피부 색 등 관찰, 기록.
신체보호대 적용 중인 환자 주기적 평가	3.2.3-4	주기적 평가하고 관찰 사항을 기록.
신체보호대 부작용 예방활동을 하시나요?	3.2.3-5	주기적으로 풀어주고 부작용 예방활동 수행기록.
신체보호대 사용 줄이기 위한 활동을 하시나요?	3.2.3-7	1년에 한번 이상 – 신체보호대 사용 건수 조사, 줄이기 캠페인, 포스터 제작 등.

의사 IT 연습용 질문지 (우리 병원 규정과 상황에 맞게 준비) – 3주기 요양병원 인증평가 기준

폐쇄형 질문	조사기준	답변을 위해 준비할 내용
1. 개방형 질문 : 안전한 진료를 위한 대처방법을 알려주세요. [안전한 처방]–[소방안전]–[폭력 대응]		
식사 중에 병동에서 전화왔을 때 처방 방법은?	1.1-2	환자 확인(등록번호 대신 진단명) ➡ 받아적기 ➡ 되읽기 ➡ 의사확인
필요시처방(p.r.n) 절차를 설명해주세요.	1.1-3	병원 p.r.n 목록 확인. 의사오더지에 적응증 명시. 1회용량, 최대용량, 투여경로
처방전이 비슷한 이름의 다른 환자에게 가면 대책?	7.2-6	병원 QPS위원회 규정에 따라 환자안전사건(투약 오류사건) 보고서 작성.
진료실에서 화재 발생 시 어떻게 하셔야 하나요?	11.6-7	불끄기-연락하기-피난하기(환자 포함) 3가지로 나누어 대답.
소방훈련은 받으셨나요?	11.6-6	최근 언제, 어떤 교육을 받았는지 설명해보기.
환자나 보호자로부터 언어적, 신체적 폭력 피해 시?	10.5-3	폭력상담 및 신고절차에 따라 상담과 신고. (병동에 안내문 소지)
2. 개방형 질문 : 의무기록 작성과 공유 방법을 설명해주세요. [경과기록]–[의료진 간에 정보 공유]–[금기약어, 금기기호]		
입원환자 치료계획 수립 시기	3.1.1-2	환자의 주요상태 변화시 및 정기적 치료계획을 재 수립(최소 월 1회)
경과기록지에는 무엇을 기록하나요?	3.1.1-3	치료계획에 영향을 줄 수 있는 환자의 상태변화, 특수검사 결과, 처치, 침습적 시술 후 환자상태 변화 등
치료식의 종류는 무엇이며 치료식 처방 이유는?	3.1.3-2	치료식이 필요한 환자에게 처방하지 않은 경우는 명확한 사유를 기재.
환자상태 파악 위해 간호기록에 접근 가능한가요?	3.1.1-5	EMR에서 간호기록에 접근하는 방법을 설명한다.
당직의사와 주치의의 환자정보 공유 방법은?	2.1.3-4	근무교대 시 의무기록이나 인수인계 자료 작성.
주치의가 바뀔 때 어떻게 인수인계 하나요?	2.1.3-2	의무기록(경과기록이나 전출기록)을 통하여 인계.
이 병원은 X-ray 판독을 언제까지 해야 하나요?	2.3.2-4	병원에서 정한 영상판독 기한 확인.
병원에서 정한 금기약어, 금기기호를 아시나요?	12.1-5	의무기록 작성 시 금기약어, 금기기호를 사용하면 안됨. 숙지할 것.

⑩ 의사

의사 IT 연습용 질문지 (우리 병원 규정과 상황에 맞게 준비) – 3주기 요양병원 인증평가 기준		
폐쇄형 질문	조사기준	답변을 위해 준비할 내용
3. 개방형 질문: 감염관리와 중증 환자 대처법은? [손위생]-[감염병 대처]-[CPR]-[생애말기환자]		
병동에서 손씻기는 언제 하나요?	1.3-2	1) 환자(면역저하, 카테터, 튜브, 격리, 접촉주의, 비말주의) 접촉 전, 후. 2) 청결/무균 처치 전, 3) 체액/분비물 노출 위험 행위 후, 4) 접촉주의 격리 환자 주변환경 접촉 후
손위생 절차를 설명해주세요.		공인된 기관의 지침을 바탕으로 병원에서 규정한 방법 숙지.
VRE, 코로나, 활동성 결핵 환자, 옴환자 발생하면?	8.1-5	격리방법, 직원 간 정보공유 방법, 보호장구 착용, 환경관리
인슐린 주사 후 부작용은 무엇이 있으며 대처방법?	4.3-4	저혈당 증상 파악 후 병원에서 정한대로 대처(주스 마시기, 포도당 주사 등)
환자가 갑자기 숨을 안 쉬면 어떻게 하시겠어요?	3.2.1-2	호흡/맥박 확인 – 연락 – 가슴압박(흉골하단, 수직, 분당 100회, 5~6 cm 깊이)
제세동기(AED) 사용법	3.2.1-4	전원버튼 확인, 패드 부착, 제세동 직전까지는 CPR 시행, 제세동 시에는 떨어지기.
생애말기환자 관리 교육을 받으셨나요?	3.1.5-2	병원에서 규정한 생애말기환자? 정서적 지지, 대증적 치료 등 교육내용 숙지.
생애말기환자 정서사회적 지지 제공은 어떻게?	3.1.5-4	환자 말을 잘 들어주고 공감해주는 것.
4. 개방형 질문 : 환자 인권을 위해 어떤 노력을 하십니까? [신체보호대]-[개인정보 보호]-[노인학대]		
이 환자는 왜 신체보호대를 적용했나요?	3.2.3-2	신체보호대 적용한 환자는 그 이유를 알고 있어야 함.
신체보호대 적용 절차를 설명해주세요.		의사의 지시오더는 필수. 동의서 필수. 1일 1회 처방하나 약물처방방법에 준함.
신체보호대 사용 줄이기 위한 활동을 하시나요?	3.2.3-7	1년에 한번 이상 – 신체보호대 사용 건수 조사, 줄이기 캠페인, 포스터 제작 등.
환자의 개인정보 보호를 어떻게 하시나요?	6.1-4	공개된 장소에서 개인정보 게시 않기. PC 화면보호기 등.
신환 진찰 시에 신체적 폭력의 흔적이 의심되면?	6.2-2	병원의 취약환자(노인학대) 신고 체계에 따라 신고.

한의사 IT 연습용 질문지 (우리 병원 규정과 상황에 맞게 준비) - 3주기 요양병원 인증평가 기준		
폐쇄형 질문	조사기준	답변을 위해 준비할 내용
1. 개방형 질문 : 안전한 진료를 위해 어떤 노력을 하십니까? [환자 확인]-[낙상 예방]-[손위생]		
환자 확인은 어떻게 하나요?	1.1-1	개방형 질문, 2가지 이상 지표, 환자팔찌
낙상 고위험자 예방활동?	1.2-5	낙상 고위험자 공유 방법. 한방치료 시 낙상 예방을 위해 어떻게 하는지 설명.
병원에서 수행하시는 한방치료를 설명해주세요.	3.1.7-2	우리 병원에서 하는 한방서비스 종류, 시술절차. 약발침 누락 예방(발침계수 확인) 자료.
병동에서 손씻기는 언제 하나요?	1.3-2	1) 환자(면역저하, 카테터, 튜브, 격리, 접촉주의, 비말주의) 접촉 전, 후. 2) 청결/무균 처치 전, 3) 체액/분비물 노출 위험 행위 후, 4) 접촉주의 격리 환자 주변환경 접촉 후
손위생 절차를 설명해주세요.		공인된 기관의 지침을 바탕으로 병원에서 규정한 방법 숙지.
2. 개방형 질문 : 특수한 상황 대처법은? [화재안전]-[폭력상담]-[심폐소생술]		
진료실에서 화재 발생 시 어떻게 하셔야 하나요?	11.6-7	불끄기-연락하기-피난하기(환자 포함) 3가지로 나누어 대답.
소방훈련은 받으셨나요?	11.6-6	최근 언제, 어떤 교육을 받았는지 설명해보기.
환자나 보호자로부터 언어적, 신체적 폭력 피해 시?	10.5-3	폭력상담 및 신고절차에 따라 상담과 신고. (병동에 안내문 소지)
환자가 갑자기 숨을 안 쉬면 어떻게 하시겠어요?	3.2.1-2	호흡/맥박 확인 - 연락 - 가슴압박 (흉골하단, 수직, 분당 100회, 5~6 cm 깊이)
3. 개방형 질문 : 환자 인권을 위해 어떤 노력을 하십니까? [신체보호대]-[개인정보 보호]-[노인학대]		
신체노출 보호 대책은 무엇인가요?	6.1-3	환자를 가릴 수 있는 스크린이나 커튼 설치.
신환 진찰 시에 신체적 폭력의 흔적이 의심되면?	6.2-2	병원의 취약환자(노인학대) 신고 체계에 따라 신고.

⑫ 시설 담당 직원

시설 담당 직원 IT 연습용 질문지 (우리 병원 규정과 상황에 맞게 준비)		
폐쇄형 질문	조사기준	답변을 위해 준비할 내용
1. 개방형 질문 : 환자의 권리 유지를 위해 어떻게 시설을 갖추었나요? [입원실 면적]–[환자편의시설]–[안전시설]–[장애인 시설]		
입원실 면적 근거서류를 가져다주세요.	6.6-1	입원실 도면, 방상 수 근거서류(개설허가증 등). 도면과 실제 면적이 차이나지는 않은지 실측해보기. (1인실 6.3 m², 2인실 이상 4.3m²/인 이상. 단, 2017년 2월 4일 이후 개설은 각각 10m², 6.3m²/인)
이 병원에는 환자 편의 시설이 어디 있나요?	6.6-2	환자편의시설이란 '환자들이 쉴 수 있는 휴게실 (실내,실외 무관)' 또는 '환자용 식당'을 의미.
안전손잡이 설치되어 있나요?		복도, 계단, 화장실 대,소변기, 욕실에 반드시 설치.
비상연락장치 작동 여부 확인해보겠습니다.		입원실 각 병상마다, 화장실(대,소변기 근처), 욕실(욕조 주변)
모든 편의시설에 휠체어가 들어갈 수 있나요?	6.6-4	벽면과 벽면 사이가 1.2 m 이상. 단, 복도 양옆으로 병실이 있으면 1.5 m 이상 확보되는지 확인. (근거: 보건복지부 의료기관정책과. 요양병원 시설기준 세부 안내, 2014)
복도에 병상이 이동가능한 공간이 확보되었나요?		벽면과 벽면 사이 1.5 m 이상. 단, 당해 층 거실의 바닥면적 합계가 200 m² 이상이면 1.8 m 이상 확보.
장애인 분들을 위한 편의시설은 갖추어져 있나요?	6.6-5	화장실에 장애인용 대변기 1개 이상 설치. 장애인 전용 주차공간(폭이 1.5배)

시설 담당 직원 IT 연습용 질문지 (우리 병원 규정과 상황에 맞게 준비)		
폐쇄형 질문	조사기준	답변을 위해 준비할 내용
2. 개방형 질문 : 안전한 시설 관리를 위해 어떻게 하시나요? [화재 예방]-[흡연 관리]-[사고 관리]-[위험물질]		
화재 발생 시 대책이 어떻게 되나요?	11.6-7	불끄기-연락하기-피난하기(환자 포함) 3가지로 나누어 대답.
화재 예방을 위해 어떤 노력을 하시나요?	11.6-4	소방,피난,방화시설 관리 상태 확인. 비상계단, 방화문, 소화기 점검.
소방훈련은 받으셨나요?	11.6-6	최근 언제, 어떤 교육을 받았는지 설명해보기.
환자나 보호자가 흡연을 원하시면 어떻게 안내하시나요?	11.6-9	건물 출입구에서 10 m 떨어진 곳, 혹은 옥상을 흡연구역으로 지정
환자나 직원이 금연구역에서 흡연하면?	11.6-8	우리 병원의 금연 관련 규정에 따른 조치.
병원 구조물 중 안전사고 우려되는 곳은 없는지?	11.1-4	낙상 우려 구조물? 옥상 난간 높이는 90 cm 이상.
인지저하 있는 치매환자의 무단 이탈 방지 방법은?	11.4-2	출입문 자동개폐장치, 엘리베이터 버튼 관리 등 우리병원 대책.
병문안객 출입관리 어떻게 하세요? (200병상 이상)	11.4-4	병문안 시간대. 의료기관 입원환자 병문안 기준 참고.
이 병원의 통제구역은 어디이며 어떻게 모니터링 하나요?	11.4-3	의약품 보관장소, 의무기록 보관장소, 기계실, 서버실 등. / 출입자 관리, 정기 순찰, CCTV 등
직원이 환자나 보호자로부터 언어적, 신체적 폭력 피해 시?	10.5-3	폭력상담 및 신고절차에 따라 상담과 신고.
MSDS로 관리하는 유해화학물질이 있나요?	11.3-1,3	목록 관리. MSDS는 유해화학물질 근처에 비치하고, 노출 시 응급조치 숙지 교육.
의료폐기물 수집과 보관, 처분은 어떻게 하나요?	11.3-5	의료폐기물 박스 개봉일 표시되었는지 확인.
의료폐기물 보관창고에 가봅시다.		내부가 보이지 않는 구조. 출입 제한. 의료폐기물 종류, 수량, 보관기란 기재 표지판. 주 1회 이상 약물 소독 실시. 소독약품 및 장비 비치.

⑭ 원무직원, 보건의료정보관리사

원무직원, 보건의료정보관리사(구 의무기록사) IT 연습용 질문지 (우리 병원 규정과 상황에 맞게 준비)		
폐쇄형 질문	**조사기준**	**답변을 위해 준비할 내용**
1. 개방형 질문 : 원무직 업무와 화재 예방활동에 대해 설명해주세요. 　　[외래업무]-[입원등록]-[화재안전]		
외래환자 처음 오셨을 때의 등록절차를 설명해주세요.	2.1.1-2	환자 확인 방법(주민번호상 생일, 이름), 외래접수, 진료예약 방법, 환자에게 무엇을 설명하는지 설명.
외래등록 시 설명하는 정보는 무엇인가요?		개인정보보호 수집 및 동의 절차, 요양급여 및 의료급여의뢰서 지참, 진료비 확인 방법. 관련 서류 준비
외래에서 사용한 주삿바늘, 수액백, 항생제 앰플 사용 후 처리?	11.3-5	주삿바늘, 항생제 앰플은 손상성 폐기물통. /수액백, 거즈, 알콜솜은 일반의료폐기물에 버림.
외래진료과목 및 진료일정 안내는 어떻게 하고 있나요?	2.1.1-3	병원 내 또는 홈페이지에 진료과목 및 진료의사, 진료일정 안내.
외래에 의무기록 사본 발급을 하러 오시면 어떻게 하나요?	12.1-3	병원 내규에 따른 사본 발급 원칙, 보안관리, 발급 절차 설명.
의사가 과거 입원환자 의무기록 대출 신청했을 때의 절차는?	12.1-4	진료용인지 진료 이외용인지 구분. 병원 내규 및 EMR 시스템에 따른 절차. 대출 중 손상 예방 절차.
입원환자 등록 절차를 설명해주세요.	2.1.2-2	병원의 입원결정, 입원예약, 입원수속 방법. 진료비용 안내(비급여 포함). 입원지연환자 관리.
입원 시에 어떠한 정보를 어떻게 제공하나요?	2.1.2-3	면회시간, 회진시간, 응급호출방법, 금연원칙, 화재시 대처방법, 보안 등 – 안내문으로 준비하면 좋음.
입원 상담하러 온 노인환자가 신체적 학대가 의심되면?	6.2-2	병원의 노인학대 신고 체계에 따라 신고. 1577-1389 (노인학대 신고전화)로 직접 신고할 수도 있음.
고객의 소리함에 접수된 요구사항은 어떻게 관리하고 있나요?	6.3-3	담당부서가 어디이고 언제 확인하여 회신하는지 표시할 것. 불만 및 고충사항 접수, 처리 및 회신 자료.
화재 발생 시 대책이 어떻게 되나요?	11.6-7	불끄기-연락하기-피난하기(환자 포함) 3가지로 나누어 대답.
화재 예방을 위해 어떤 노력을 하시나요?	11.6-4	소방,피난,방화시설 관리 상태 확인. 비상계단, 방화문, 소화기 점검.
소방훈련은 받으셨나요?	11.6-6	최근 언제, 어떤 교육을 받았는지 설명해보기.
환자나 보호자가 흡연을 원하시면 어떻게 안내하시나요?	11.6-9	건물 출입구에서 10 m 떨어진 곳, 혹은 옥상을 흡연구역으로 지정

약국 IT 연습용 질문지 (우리 병원 규정과 상황에 맞게 준비)		
폐쇄형 질문	조사기준	답변을 위해 준비할 내용
1. 개방형 질문 : 의약품의 보관 방법에 대해 설명해 주세요. **[라벨링]-[감사]-[마약류]-[고위험]-[주의]-[회수]**		
라벨링을 어떻게 하고 있나요?	4.1-2	의약품명, 유효기간, 경고문(필요시) 표시.
수액제 보관은 어떻게 하고 있나요?		바닥에서 20~25 cm, 벽으로부터 5 cm, 천장에서 45 cm 간격.
의약품 보관에 대한 감사는 어떻게 이루어지나요?	4.1-3	병원 내규에 따른 약국과 병동의 의약품 감사 자료. 서명.
마약과 향정신성 의약품은 어떻게 관리하시나요?	4.1-5	잠금장치. 마약은 2중철제. 일반의약품과 별개 보관 마약류관리에 관한 법률 숙지.

마약류 입고, 출고, 사용 기록과 저장시설 장부 관리를 어떻게 하시나요? (마약류취급자 준수사항)		(마약류관리에 관한 법률 시행령 제12조의2)
		1. 마약류취급자가 의료용 마약류의 입고·출고 및
		   사용에 대한 기록 작성, 2년 보관 - 단, 식품의
		   약품안전처장에게 보고한 경우는 제외.
		2. 마약류 저장시설을 주 1회 이상 점검, 점검부
		   작성·비치. 이를 2년간 보존

고위험의약품의 종류 및 보관 방법?	4.1-6	진정제, 항암제, 고농도 전해질(KCl, NaCl), 인슐린, 헤파린, 조영제 등
KCl, NaCl은 어떻게 보관하시나요?		"반드시 희석 후 사용 x 라벨링. '고위험' 표시. 다른 의약품과 떨어져서 보관.
주의를 요하는 의약품의 종류와 보관 방법은?	4.1-7	냉장보관(온도계), 차광 의약품. 투약오류 가능 (유사외관, 유사발음). 백신.
약의 적절한 온도와 습도는 얼마인가요?		실온 15~25도, 상온 1~30도, 냉장 2~8도. 습도 주의 약물은 습도 60 % 이하 보관.
야간, 휴일의 온도 체크는 어떻게 하시나요?		야간, 휴일 당직자가 체크하거나, 원격 온도확인 앱 등을 활용.
의약품 회수 절차를 알려주세요.	4.1-8	행정당국(식약처, 시도지사 등)이나 제조업자 등에 의해 회수가 결정된 의약품. 회수요청 의약품 리스트를 관리해야 함. (우리 병원 미해당 의약품이더라도)

약국 IT 연습용 질문지 (우리 병원 규정과 상황에 맞게 준비)		
폐쇄형 질문	조사기준	답변을 위해 준비할 내용
2. 개방형 질문 : 의약품의 처방, 조제 방법에 대해 설명해 주세요. [처방감사]–[조제]–[약국 관리]–[청결조제]–[라벨링]		
조제 전 처방 감사 절차를 설명해주세요.	4.2-3	감사 요소(의약품, 용량, 빈도, 경로, 중복처방, 알러지, 상호작용, 병용금기, 체중 고려). 감사 시점, 처방감사 결과 의문이 생기면 의사와 어떻게 검토를 하는지? 위험한 결과 예상되는 처방 중재가 실패한 경우 대처방안?
야간, 휴일의 의약품 조제는 어떻게 하나요?	4.2-4	비치의약품에 없다면 의사가 대체 조제 가능.
약국을 어떻게 안전하고 청결하게 관리하나요?	4.2-5	출입통제, 조제공간 구획 및 청결 유지, 환기시설, 조제도구(조제대, 조제기기) 청결.
의약품을 안전하고 청결하게 조제하는 방법은?	4.2-6	손위생, 필요시 장갑 착용. 필요시 개인보호구. 조제 후 의약품 감사.
조제 시 라벨링 하는 절차는?	4.2-7	환자명, 의약품명, 용량, 경로, 용법. 투여 전까지 냉장보관 필요하면 별도로 명기.
3. 개방형 질문 : 의약품의 투약 방법에 대해 설명해 주세요. [투약설명]–[폐기]–[지참약]–[부작용 보고]		
복약지도 해야 할 약물을 알고 있나요?	4.3-6	병원에서 정한 의약품 투여시 복약(투약) 설명하거나 복약설명서 등 정보제공.
일반의약품 및 마약류 폐기 절차는?	4.3-7	고위험의약품은 남은 용량 즉시 폐기 (헤파린, 인슐린은 병원 내규 따름). 마약류–마약류통합관리시스템으로 식약처에 보고: 2주 이내, 성상을 변화시켜. 2인 이상 직원 입회. 근거 남기기. (식약처: 사용하고 남은 마약류의 폐기 및 보고 절차)
지참약 식별 절차를 알려주세요.	4.3-8	병원 내규에 따라 지참약 식별절차 설명. (의뢰 과정 및 회신 방법 포함)
의약품 부작용 발생 시 보고방법은?	4.3-9	원내 보고절차 및 원내/원외 보고자료 있다면 준비.

물리치료사 IT 연습용 질문지 (우리 병원 규정과 상황에 맞게 준비)		
폐쇄형 질문	조사기준	답변을 위해 준비할 내용
1. 개방형 질문 : 물리치료실 업무 설명을 부탁합니다. 　　[기기점검]-[낙상 예방]-[신체노출]-[CPR]-[직원안전]-[흡연안내]		
치료기기의 정기점검, 예방점검을 어떻게 하시나요?	11.5-3,4	매일 사용 전 작동여부 점검(점검표). 예방점검 확인 후 확인 라벨 부착.
방사선실에서 낙상 고위험자의 낙상 예방 대책은?	1.2-5	병원 나름대로의 대책 마련. 낙상 고위험자 표시 방법 숙지 (손목밴드 표시 등).
물리치료 시에 신체노출 보호 대책이 있나요?	6.1-3	신체노출을 예방할 수 있는 대책 마련.
치료실 청소와 침대 소독은 어떻게 하고 있나요?	8.4-2	청소와 소독을 누가 하는지. 청결상태 확인. 소독방법 및 소독제 관리.
물리치료 도중 환자가 갑자기 숨을 안 쉰다면?	3.2.1-2	호흡/맥박 확인 - 연락 - 가슴압박(흉골하단, 수직, 분당 100회, 5~6 cm 깊이)
물리치료 도중 치매환자가 할퀴거나 깨물어서 상처가 나면?	10.4-5	우리 병원의 직원안전사고 발생 시 보고체계에 따라 보고 및 치료.
보호자가 흡연을 원하시면 어떻게 안내하시나요?	11.6-9	건물 출입구에서 10 m 떨어진 곳, 혹은 옥상을 흡연구역으로 지정
환자나 직원이 금연구역에서 흡연하면?	11.6-8	우리 병원의 금연 관련 규정에 따른 조치.

⑱ 영양사

영양사 IT 연습용 질문지 (우리 병원 규정과 상황에 맞게 준비)		
폐쇄형 질문	조사기준	답변을 위해 준비할 내용
1. 개방형 질문 : 영양평가 및 영양상담 과정을 말씀해 주세요. 　　[영양 초기평가]–[치료식]–[영양상담]		
영양 초기평가는 어떻게 하나요?	2.2-4	영양 초기평가 항목 및 평가지(초기평가는 의료진 이 해도 됨).
치료식의 종류는 무엇이며 치료식 제공 과정은?	3.1.3-2	병원의 식사처방지침에 따라 의사 처방에 의해 제공.
환자나 보호자에게 치료식 안내를 어떻게 하시나요?	3.1.3-3	리플렛 준비하거나 설명환자 명단, 업무일지 등 제시.
영양 상담 사례가 있나요?	3.1.3-4	영양상담 기록지 – 객관적 자료 평가, 식습관 조사, 치료계획 등 기록.

영양사 IT 연습용 질문지 (우리 병원 규정과 상황에 맞게 준비)		
폐쇄형 질문	조사기준	답변을 위해 준비할 내용
2. 개방형 질문 : 급식서비스 관련 감염관리를 설명해 주세요. [식재료]-[조리기구]-[조리장 환경]-[화재]-[직원 개인위생]		
식재료 검수는 어떻게 하시나요?	8.6-2	식재료 검수 일지 준비. 제품 상태 유지 여부.
식재료의 안전한 보관 방법을 설명해주세요.		종류별 분리 보관, 보관일자 및 내용 표시, 선입선출 관리. 경관유동식 관리. 보관장소 환경(온도, 습도, 청소상태) 점검. 전처리 전,후 보관상태 확인. (예: 전처리: 채소류 ➡ 육류 ➡ 어류) 음식물은 바닥에서 15 cm 위에, 벽에서 떨어져 보관. 음식 취급 등의 작업은 바닥에서 60 cm 이상에서 수행.
보존식 관리 방법을 설명해주세요.		배식 전 1인분. −18도 144시간 이상 보관. 기록 남길 것.
조리기구 및 장비 관리 방법을 설명해주세요.	8.6-3	식재료별 조리기구 분리 사용 및 보관 상태 확인. 배식차, 식기세척기, 냉장고 및 냉동고 관리 상태 확인. 음식 맛 볼 경우는 별도의 수저와 그릇을 사용할 것.
식기 소독을 해야 하는 감염병에는 어떤 것들이 있나요?		콜레라, 장티푸스, 파라티푸스, 세균성이질, 장출혈성대장균, A형간염, 성홍열, 디프테리아, 수막구균성수막염, 페스트(감염병예방 및 관리에 따른 법률 시행규칙 [별표 5])
조리장 환경 점검 내용은?	8.6-4	오염구역과 청결구역 구획 구분, 동선. 청소 상태. 음식물쓰레기 처리 방법. 조리장 환경관리 자료 준비. 구충, 구서 관련 방역 또는 소독 확인서.
조리장의 적정 온도는?		주방 18~26도(여름 28도)
조리장에서 화재 발생 시 어떻게 하실 겁니까?	11.6-7	불끄기-연락하기-피난하기 3가지로 나누어 대답.
조리실 직원이 고열이 있을 때 어떻게 하십니까?	8.6-5	병원 내규로 정한 감염관리 방법 설명.
조리장에서의 직원 감염관리 방법을 설명해주세요.		구역별 직원 복장준수. 손위생(손소독제, 세면대 등)이 가능한 환경인지 확인

소독실 담당직원 IT 연습용 질문지 (우리 병원 규정과 상황에 맞게 준비)		
폐쇄형 질문	조사기준	답변을 위해 준비할 내용
1. 개방형 질문		
1 EO가스 소독실 환풍기? 독립된 공간?	10.2.4-2	시설 점검
2 EO가스 소독실 작업환경측정, 특수건강검진	1.2-3	작업환경측정 및 특수건강검진 수검자료
3 멸균기 관리? CI 안팎, BI?	9.1.2-3	
4 멸균 온도 및 시간.	9.1.2-2	증기 121도-3분 / 건식 121도-10시간
5 멸균기 장소 온도, 습도?	9.1.2-3	24~29도 / 30~70%
6 멸균물품 보관장소(중앙공급실) 온도, 습도?	9.1.2-4	18~24도 / 35~70%

임상병리사 IT 연습용 질문지 (우리 병원 규정과 상황에 맞게 준비)		
폐쇄형 질문	조사기준	답변을 위해 준비할 내용
1. 개방형 질문 : 검체검사 관련 임상병리사로서 어떤 일들을 하십니까? [검체 채취]-[검체보관]-[기기점검]-[응급상황]		
혈액, 소변검체 채취하여 검사실 전달하는 과정 설명해주세요.	2.3.1-2	환자 확인 방법. 채혈시 주의사항. 검체용기 라벨링. 안전한 검사실로의 전달방법.
검체적합성 확인 방법, 부적합검체 처리 방법, 사전정보 확인?	2.3.1-3	병원 규정에 절차를 정하고 숙지할 것.
검체검사 결과 보고를 정확하고 신속하게 하기 위한 절차는?	2.3.1-4	전산화면이나 관리대장으로 검체검사 결과 자료 제시 가능. TAT 관리자료 제시가 필수는 아님.
필요시 검사 결과를 재확인하기 위해 검체보관 하시나요?	2.3.1-5	검체(혈청, 혈장, 수혈후 관분절 등) 별 보관 기간을 정하여 냉장보관한 후 폐기.
검체검사 기계의 정도관리를 어떻게 하시나요?	2.3.1-6	내부 정도관리 – 검사종류, 관리 방법(주기, 결과치, 허용범위,이상치 발견시 조치 등), 보고체계 외부 정도관리 – 평가결과 제시 (예: 진단검사의학 재단인증 등). 내부정도관리만 해도 됨.
외부 의뢰체계를 적절히 활용하시나요?	2.3.1-7	수탁기관 인증서 또는 정도관리 결과 제시. 의뢰기관별 검사리스트 제시.
검체검사실을 안전하게 관리하는 방법을 알려주세요.	2.3.3-2	감염관리(손위생 등), 유해물질 및 유해환경관리(노출량이 적으면 미해당). 검체용기 폐기절차. 안전관리 교육 확인서류. 보호구 착용 및 보관 상태 확인.
검체검사기기의 정기점검, 예방점검을 어떻게 하시나요?	11.5-3,4	매일 사용 전 작동여부 점검(점검표). 예방점검 확인 후 확인 라벨 부착.
수혈 후 관분절 보관 기간은?	3.2.2-2	예) 5일 이상 냉장보관
채혈 도중 환자가 갑자기 숨을 안 쉰다면?	3.2.1-2	호흡/맥박 확인 – 연락 – 가슴압박(흉골하단, 수직, 분당 100회, 5~6 cm 깊이)
채혈 도중 주삿바늘에 찔리면 어떻게 하시나요?	10.4-5	우리 병원의 직원안전사고 발생 시 보고체계에 따라 보고 및 치료.

방사선사 IT 연습용 질문지 (우리 병원 규정과 상황에 맞게 준비)		
폐쇄형 질문	조사기준	답변을 위해 준비할 내용
1. 개방형 질문 : 영상검사 관련 방사선사로서 어떤 일들을 하십니까? [영상검사 준비]–[확인할 것]–[기기점검]–[의뢰]–[안전관리]		
영상검사 전 준비사항은 무엇이 있을까요?	2.3.2-2	환자 확인. 필요시 금식. 조영제 사용 시 부작용 경험 여부.
영상검사 전 확인할 정보는 무엇이 있나요?	2.3.2-3	검사종류별 수행방법. 필요시 확인할 사전정보 (검사요청일, 검사의뢰 목적, 의뢰의사명)
영상검사 결과 보고를 정확하고 신속하게 하기 위한 절차는?	2.3.2-4	규정에 따른 시간 이내에 판독이 보고되는지 확인. (꼭 방사선사가 확인할 필요는 없음)
영상검사 기기의 정기점검, 예방점검을 어떻게 하시나요?	11.5-3,4	매일 사용 전 작동여부 점검(점검표). 예방점검 확인 후 확인 라벨 부착.
영상검사 기기의 정도관리를 어떻게 하시나요?	2.3.2-5	내부 정도관리 – 검사종류, 관리 방법(주기, 결과치, 허용범위,이상치 발견시 조치 등), 보고체계 외부 정도관리 – 평가결과 제시 (예: 한국의료영상품질관리원 등).
영상검사를 외부에 의뢰하는 절차가 있다면 알려주세요.	2.3.2-6	외부 의뢰 절차 설명. 수탁기관의 안전성 인증서 또는 정도관리 자료 준비.
영상검사 촬영 후 환자이름 표기가 잘못된 것을 알았다면?	7.2-2	환자안전사건 중 근접오류로 구분하여 환자안전 사건보고서를 작성하는 방법을 설명할 수 있다.
방사선실에서 낙상 고위험자의 낙상 예방 대책은?	1.2-5	병원 나름대로의 대책 마련. 낙상 고위험자 표시 방법 숙지(손목밴드 표시 등).
방사선실 안전관리 방법을 설명해주세요.	2.3.3-3	감염관리(손위생, 접촉면 소독), 방사선구역 표시, TLD 착용, 보호구(납 가운, 목 보호대) 등
방사선 촬영 전·후로 신체노출 보호 대책이 있나요?	6.1-3	탈의 공간을 마련하거나 신체노출 예방할 수 있는 대책 마련.
MSDS로 관리하는 유해화학물질(필름 현상액 등)이 있나요?	11.3-1,3	MSDS는 유해화학물질 근처에 비치하고, 노출 시 응급조치 숙지.
특수건강검진을 하십니까?	10.4-2	특수검진(방사선) 대상으로 특수건강검진 (1회/2년) 필수.